競馬サイエンス

生物学・遺伝学に基づくサラブレッドの血統入門

堀田茂

星海社

260

SEIKAISHA SHINSHO

JN030251

はじめに

競走馬（サラブレッド）の市場として、世界的にも名をとどろかせるようになったセレクトセール。前評判も高くて馬体もすぐれた、著名種牡馬と名牝とのあいだに生まれた若駒に対する競り合いは激しく、その価格は見る見るうちに吊り上がります。一般庶民から見たらまさしく啞然とする光景がこれでもかこれでもかと繰り広げられ、昨年（2022年）の総売上は記録を更新して250億円を超えたとのこと。北海道の苫小牧市内におけるセリ会場で、たったの2日間で成立した取引の額たるこの数字に対するうまい比喩表現が、最終稿の入稿段階でもやはり見つかりません。

ところで、「血統」と「遺伝」は表裏一体です。切り離すことはできません。セレクトセールの取引総額からもわかるとおり、いまやこれだけの巨大産業と化したにもかかわらず、果たしてそのことを上場する側も落札する側も科学的にきちんと理解しているかは疑わしいと思うことがしばしばです。名伯楽の各種言説でも、生物学の基本から逸脱しているものが見受けられるのが現状です。

以前読んだ『ルポ　人は科学が苦手　アメリカ「科学不信」の現場から』（三井誠　光文社新書）という本では、科学者は「とにかく正しいことを伝える」という発想に陥りがちで、それがコミュニケーションを阻んでいることが指摘されていました。深くうなずくとともに、科学者の多くは科学者同士の高尚な議論に興じてしまい、一般の方々に理解してもらおうとする努力を怠っているフシがあるような気がしてなりません。

以上のようなことからも、競馬サークル内の科学への探究心の乏しさと、科学者がその基本を啓発する気概の乏しさの両極化が昨今は顕著のような気がするのです。特に科学者においては、相手の立場に立って考えることなく、難しい専門用語を振りかざしてしまってはいないか。こんな私でも、研究を生業《なりわい》にしている方に質問をした際に、頂戴した返答の文章内にちりばめられる専門用語に「？・？・？」となることがしばしばあります。以前、競馬記者の方が、血統について遺伝の研究者に取材をしたものの、専門的な言葉ばかりが返ってきて理解できなかったと言っていたことも、ふと思い出しました。

以上のような状況からも、生物学的・遺伝学的な視点から競走馬の血統を説いたものが稀有であることから、その基礎に則った血統に関する入門書の執筆依頼を受け、快諾しました。

繰り返しますが、「血統」と「遺伝」は表裏一体です。しかし、競馬サークル内で闊歩する多くの言説においてはこれらは分離し、後者は忘れ去られてしまっていると思うことがほとんどです。私は獣医師の資格は保有するものの、研究にも診療にも従事はしておらず、遺伝学者でもありません。だからこそ、両極化しつつある双方の気持ちの在り方が想像でき、両者の橋渡しをしたいという想いで以下に書き記します。

よって、ピュアな生物学者各位にとって、もう少しきちんとした生物学的用語や表現を使うべきと思う箇所があるだろうことは重々承知しています。例えば、われわれホモ・サピエンスという種を生物学的に論ずる文章中では「ヒト」と表記するのが慣例ですが、本書では敢えて「人」または「人間」という言葉を用います。このようにできるかぎり、普段は生物学に接する機会のない方々にも寄り添った言葉を使うようにしたことをまずはお伝えしておきます。

また、本文中で言及する馬の名前は、日本で和名登録されたものはカタカナで記載しますが、それ以外の馬は、誤解を避けるためにもローマ字（原名）で記載します。

目次

第2章 近親交配（インブリーディング）　47

第3章 失われる遺伝的多様性　91

第4章 母性遺伝 135

第5章 エピジェネティクス 181

第6章 科学と血統理論 193

第7章 我が仮説 217

第8章 サイエンスコミュニケーション　247

第1章

遺伝のしくみ

形質

子は親に似ます。われわれ人間において、自分の一族でもテレビで見る芸能人の家族でも、子どもの顔つきや体つきが父親や母親に似ていたり、兄弟姉妹も似ていると思うことがしばしばでしょう。このように人間を含めた生物が、個々に持っている性質を次の世代へと受け継いでいくことが「遺伝」です。

サラブレッドに目を向ければ、気性の荒かった種牡馬や繁殖牝馬の産駒に、同様の気性が現れやすいと感ずることがあると思いますし、芦毛の馬は両親のいずれかが芦毛であることも典型的な遺伝の例です。

身体における特徴や性質を生物学では「形質」と呼びます。例えば人間のABO式血液型。われわれはA型、B型、AB型、O型の4つのいずれかの型を持つわけですが、これこそクリアな個々の形質ですし、身長の高低、肥満と痩せといった体形も形質です。運動神経、芸術的才能、さらには好きな食べ物や、第2章中の「自然の摂理」で触れる異性の匂いの好みも形質であり、当然に前述のサラブレッドの気性や毛色にしても立派な形質です。

先天的な遺伝性の各種疾病も悲しき形質の例です。後述するサラブレッドの近親交配の弊害にも通じることであり、遺伝に関する議論、ひいてはサラブレッドの血統に関する議論というものは、この形質の継承に関する議論なのです。

遺伝子・DNA・染色体・ゲノム

「我が社は○○のDNAを受け継ぎ……」のようなセリフをどこかの社長のスピーチで聴いたような記憶があるのですが、そもそも、「遺伝子」「DNA（デオキシリボ核酸）」そして「染色体」、さらには昨今は頻繁に耳にするようになった「ゲノム」のそれぞれの意味や差異をきちんと理解している人はどれほどいるのでしょうか。

まず、遺伝子とは形質のもととなる因子（＝情報）、DNAはこれを載せたメディア（＝物質）のようなものと想像してみてください。音楽とCD、文字と書籍のような関係です。それが理解できると、「ソダシは祖母シラユキヒメの『白毛の遺伝子』を継承した」という表現は問題ない一方で、「ソダシは祖母シラユキヒメの『白毛のDNA』を継承した」と言うとちょっとおかしくなってしまうことがおわかりいただけると思います。

染色体は、DNAがヒストンというタンパク質に絡んだ構造体を意味し、塩基性の色素で染まるため、このように呼ばれることになりました。なお、遺伝の専門家ではない者同士が、それこそサラブレッドの血統や配合を語り合う場合、DNAと染色体はほぼ同じものと思っても差し支えないでしょう。

そしてゲノム（genome）とは、遺伝子（gene）に「総体」を表す接尾語である「-ome」を連結したものであり、DNA上の遺伝に関する情報の総体とされています。

もう一歩踏み込んで、遺伝子とは？

遺伝子なるものは、形質のもととなる因子であり、DNA（染色体）の上に存在することは先に説明しました。これは**図1-1**のとおりです。つまり、「遺伝子」とか「因子」とかいう「子」という漢字が含まれた用語を使うと、あたかも粒子のようなものをイメージしてしまいがちですが、実際はわれわれの身体をつくりあげる設計図たる情報を意味します。

われわれの身体を構成する最小単位は「細胞」です。生物は、細胞の構造により「原核生物」と「真核生物」とに分別されます。大腸菌などの細菌が前者で、われわれ人間や馬のような一定の進化を遂げた生物は当然のごとく後者

図1-1　遺伝子はDNA（染色体）の上に存在する

です。
図1-2のとおり、われわれ真核生物の細胞の中央に鎮座しているのが「核」です。ここにＤＮＡが収められており、よって当然に遺伝子は核内に存在するのですが、第４章で詳述する「母性遺伝」の主役たるミトコンドリアも独自のＤＮＡ（遺伝子）を持ちます。

どの臓器や器官の細胞も同じ遺伝子を持つ

私たちの身体はいろいろな「部品」で構成されています。脳、眼球、筋肉、骨、皮膚、各種内臓、膀胱、生殖器……。これら部品がおのおの協力し合って、私たちの身体をうまく稼働させてくれることにより、生命の営みを継続できているわけですが、不思議なことに、一人の人間（一頭の馬）におけるこれら各部品を構成する細胞の核には、まったく同じＤＮＡ（遺伝子）が入っているのです。

けれども、当然に、おのおのの部品は形態も機能もまったく違います。これらも、その

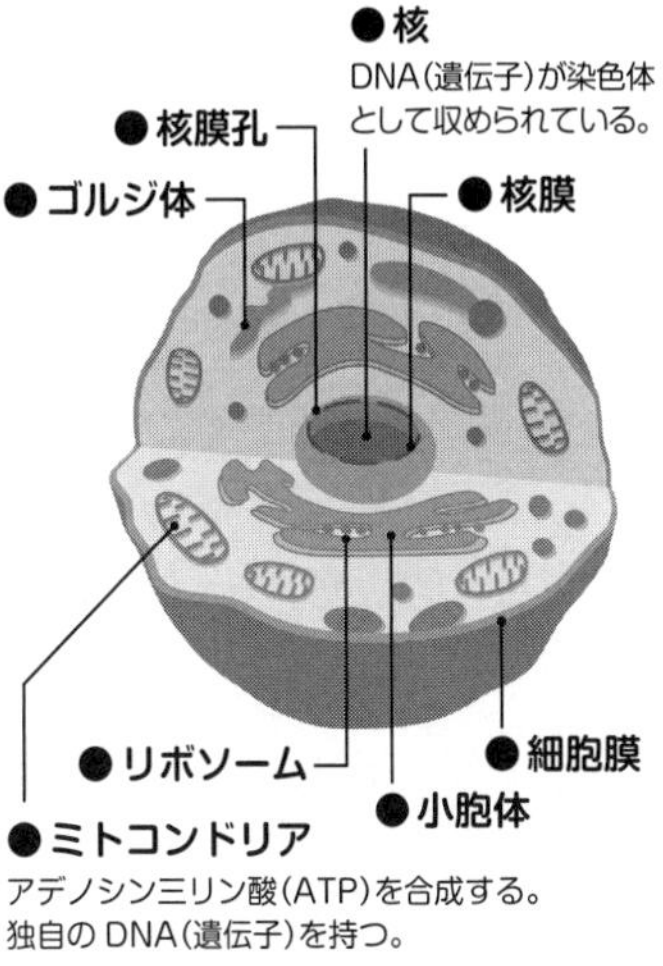

図1-2　真核生物の細胞

生命体を創生する設計図たる「遺伝子」の命令によってそのようになったのです。設計図は同じなのに、なぜ異なる形態や機能になるのでしょうか。

エピジェネティック・ランドスケープ

今日の遺伝学の世界において、生物の形質発現をつかさどるのは「遺伝子自身が持つ情報（＝設計図）」のほかに「何か」があるということがわかってきました。この「何か」こそが「エピジェネティクス（epigenetics）」という概念の根底です。「ジェネティクス（genetics）」とは「遺伝学」、そこにイギリスの発生生物学者であるコンラッド・ワディントンが後成説「エピジェネシス（epigenesis）」との複合語として提案したのが始まりと言われています。

図1-3をご覧ください。これは「エピジェネティック・ランドスケープ」と呼ばれるものであり、１９５０年代に前述のワディントンがこのような地形図を比喩に用いて、遺伝子の作用

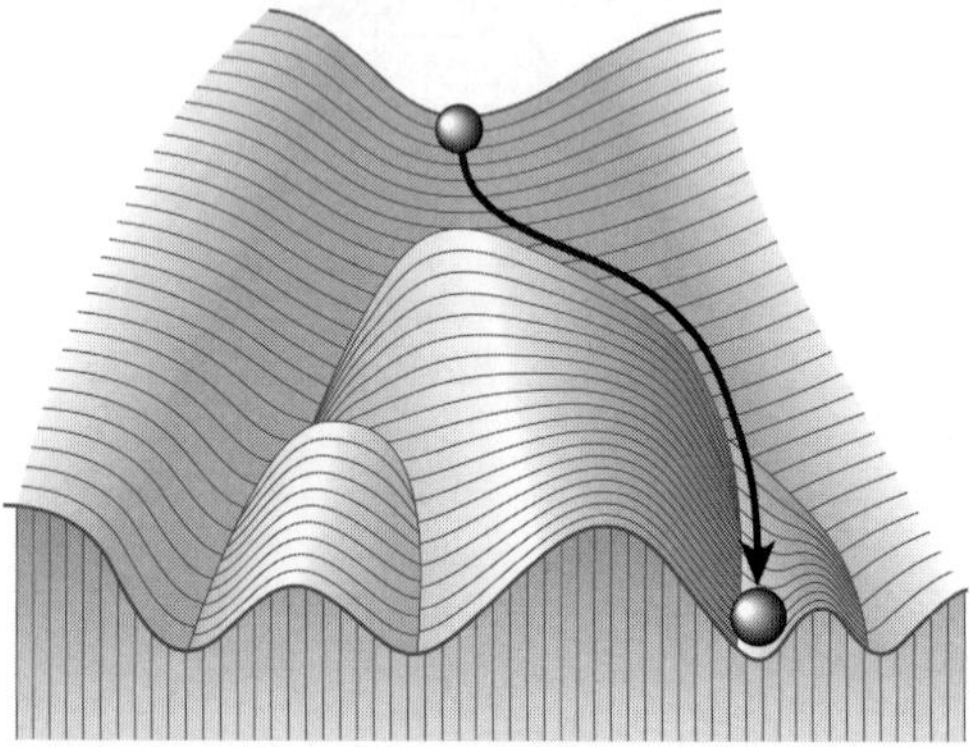

図1-3　エピジェネティック・ランドスケープ

発現機序を説明したのです。

ワディントンがこの図で説明したかったのは、高いところに置いたボールは低いところに転げ落ちる、しかし或るボールは東の谷底に転げ落ち、或るボールは西の沼地に吸い込まれてしまう。一旦そのように行き先が決定したボールはそこが「終《つい》の棲家《すみか》」となり、もう高い場所に戻ることはない……。その「東の谷底」は神経細胞かもしれないし、「西の沼地」は心筋細胞かもしれない、というのがこの図が意味するところです。つまり、このボール自身が持つ遺伝子に書かれている情報とは独立した要因によってそのボールの運命が決められてしまうのです。

われわれの身体を構成する最小単位である細胞の中心に神々《こうごう》しく存在する核、そしてその中に存在するＤＮＡ（遺伝子）ですが、これらは身体のどの部分から採取しても同じものなのに、できあがる部品はさまざまということです。まさしく生命の神秘であり、「生き物」はあまりに奥深いのです。なお、エピジェネティクスは第5章であらためて論じます。

メンデルの法則

私は、メンデルの法則のような遺伝の基本を理解せずに血統（特に配合）を論ずるのは、憲法の条文を読まずに憲法を論ずるようなものだと思っています。
まず、この法則には以下の3つがあります。

- 顕性《けんせい》の法則※
- 分離の法則
- 独立の法則

（※）これまでは「優性（優劣）の法則」と呼ばれるのが一般的でしたが、「優性」に対する「劣性」という言葉は、能力が劣っているとか劣化したものという誤解を招くこともあり、日本遺伝学会は「優性→顕性」「劣性→潜《せん》性《せい》」と用語改訂を提案しました。実際に中学校や高校の教科書でもこの言葉に置き換えつつあるようであり、本書でもこれにならい「顕性」および「潜性」という言葉を用います。

ほとんどの人が学校で習ったはずのこの三法則ですが、きちんと理解している人はごく一部でしょう。これを読んでいる皆さま、もし手もとにネットにつながったパソコンやスマホがあれば、ちょっと「メンデルの法則」で検索してみてください。そして検索した方にお尋ねしたいのですが、そのサイトの説明で理解できたでしょうか。ちなみに以下は2

018年にノーベル生理学・医学賞を受賞した本庶佑先生の著書『ゲノムが語る生命像　現代人のための最新・生命科学入門』（講談社ブルーバックス）からの引用です。ただし、「優性」を「顕性」に、「劣性」を「潜性」に読み替えてください。

「親の形質は遺伝子によって、子へ伝えられる。また、子の代ではその遺伝形質の発現に力関係があり、発現されるものを優性、かくれてしまうものを劣性と定義している。これが『優劣の法則』と呼ばれる第1の法則である。ところが孫の代になると、子の代には存在しなかったかのように見えた劣性の遺伝形質が、やはりちゃんと残っていて発現してくる。これが『分離の法則』と呼ばれるメンデルの第2法則である。メンデルの第3法則は『独立の法則』と呼ばれ、無関係な2つの遺伝形質は、それぞれ独立して勝手に親から子へ伝えられる、というものである」

ますますわからなくなったのではないでしょうか。冒頭で、競馬記者の方が血統について遺伝の研究者に取材をしたものの、返ってきた言葉を理解できなかったという話を書きましたが、研究を生業にしている真の科学者は、科学のことはよく知っているけれども、情報の伝え方についての訓練を皆が受けているわけではないということ、つまり、科学をよく知っているということと科学をうまく伝えられるということは別だということなのです。これについては以下の第8章であらためて論じます。

ノーベル賞受賞者に対して不遜なことを言ってしまいましたが、いざこの三法則について、普段「遺伝」というものに接していない人たちに理解いただけるような説明文をひねり出そうとすると、思った以上に難しいです。息子の高校の教科書や、私が大学受験時に使った懐かしい参考書まで引っ張り出してはみたものの大同小異。これでは一般の方々が理解できないのも無理はないと思ってしまい、以下のとおり私なりの作文をしてみました。

〈顕性の法則〉

例えば人間のABO式血液型。AとOの両方の遺伝子を持った人は、遺伝子Aが遺伝子Oの作用を覆い隠してしまい、その結果、その人の血液型はA型となる。このように、作用を覆い隠してしまう遺伝子Aを「顕性」、作用が覆い隠されてしまう遺伝子Oを「潜性」と言う。同様に遺伝子Bと遺伝子Oも顕性と潜性の関係にある。

〈分離の法則〉
遺伝子は染色体に存在し、人間の染色体は23対（＝46本）、馬は32対（＝64本）である。おのおのの「対」がきちんと「分離」することで、人間の精子と卵子ならその半分である23本ずつを持つことになり、それが合体することで新しい命が新たな組み合わせの46本を持って誕生する。

〈独立の法則〉
ABO式血液型を決める遺伝子は9番染色体、アルコールの強弱に影響する代謝酵素ALDH2に関する遺伝子は12番染色体に存在するが、各染色体の「対」のどちらかが独自に選ばれて精子や卵子に入っていく。つまり、血液型遺伝子Aをもらうことと、アルコールに強い遺伝子をもらうことは「独立」して行われ、それらをもらう確率は相互に影響を及ぼさない。

以上、できる限り難しい言葉は避け、身近な例を挙げながら誰にでもわかるようにと頑張った結果ですが、いかがでしょうか。

表現型と遺伝子型

前述の「顕性の法則」の説明で、AとOの両方の遺伝子を持った人を例にしましたが、この人の身体に実際に現れた「A型」という特徴を「表現型」と言う一方で、この人は実際にはAとOの両方の遺伝子を持っているわけであり、この「AO」を「遺伝子型」と言います。

サラブレッドに目を転じれば、シラユキヒメ一族における白毛を導く遺伝子Wは、その白毛を導かない遺伝子wに対して顕性です（このように顕性の遺伝子を大文字、潜性の遺伝子を小文字で表すのが通常です。人間のABO式血液型は例外ですが）。

つまり、この一族におけるソダシやハヤヤッコのような白毛馬はWを持っている一方で、その他白毛ではない世のほとんどのサラブレッドの遺伝子型はwwということになります。

ソダシの場合なら、父クロフネは芦毛（つまり非白毛）、母ブチコは白毛。クロフネはWを持っていなかったことから、ソダシはクロフネからは必然的にwをもらっており、結果、ソダシの毛色の表現型は白毛、遺伝子型はWwということです。

ちなみにこの一族の著名馬たる、白毛のシロインジャーを母に持つメイケイエールですが、おわかりのとおり、その表現型は鹿毛、遺伝子型はwwです。しかしネットの書き込みに、メイケイエールの仔には隔世遺伝で白毛は出ないのか、のようなものをしばしば見かけるのですが、この馬はすでにWを持っていないので、他の鹿毛馬と条件はまったく一緒です。白毛種牡馬と交配すれば白毛の仔は出ますし、また、シラユキヒメ自身が突然変異で白毛として出現したように、生まれてくる仔にそのような変異が入れば白毛になります。確率はゼロに近いですが。ソダシの全妹のママコチャも鹿毛ですが、これもまったく同じです。

ところで、ディープインパクトの産駒には栗毛（栃栗毛も含む）は1頭もいないことをご存じでしょうか。鹿毛のディープインパクトですが、同じ鹿毛のハーツクライ、キングカメハメハ、エピファネイア、モーリスなどの種牡馬には栗毛産駒はいるのに、です。

鹿毛（黒鹿毛、青鹿毛も含む）を導く遺伝子を通常Eと呼び、Eは栗毛を導く遺伝子eに対して顕性です。血統登録産駒数が1800近いディープインパクトながら一切の栗毛を出していないことから、ディープの遺伝子型はEがダブルで入ったEEと推察できます。つまり、産駒には自ずとEを授けることになるわけで、Eはeに対して顕性ゆえに産駒に栗毛は出ないわけです。ロードカナロア、ルーラーシップ、キズナなども、その産駒の状況を見ると同様のようです。

隔世遺伝

近所のオジチャンオバチャンの井戸端会議で、「堀田さんところに生まれたちょっとひねくれた顔のあの子は、偏屈だったおじいちゃんがヘソを曲げた時の目つきにソックリだね」というような言葉を耳にしたことがあるかもしれません。これは俗に言う先祖返りであり、この目つきたる形質が遺伝性のものであるならば、世代を超えてその形質が遺伝して表面化したこととなり、つまり「隔世遺伝」と呼ばれているものになります。

あらためて、手もとの電子辞書にある『旺文社　生物事典』で「隔世遺伝」を調べてみると、「ふつう祖父母のもっていた劣性形質が孫でホモになって現れる現象であるが、広義には先祖に似る先祖返りをいうこともある」とあります。この「劣性（＝潜性）形質が孫でホモになって現れる現象」について、人間の血液型を例にちょっと説明してみましょう。

まず、ディープインパクトのＥＥのように、また以下で述べる遺伝子型ＡＡのA型の人のように、対で持つ遺伝子のペアがまったく同じ場合を「ホモ接合」と言います。一方で、鹿毛ながら栗毛の産駒も出すキングカメハメハ、ハーツクライ、エピファネイア、モーリスのような種牡馬の遺伝子型は間違いなくＥｅであり、また両親のいずれかがO型で自身がA型の人は間違いなく遺伝子型がＡＯなので、このように違う遺伝子がペアとなったものを「ヘテロ接合」と言います。

前述の「顕性の法則」の箇所で説明したとおり、人間のＡＢＯ式血液型において、遺伝子Ａは遺伝子Ｏに対して顕性です。よって、ＡとＯの両方を持った人はＡ型（表現型）となります。遺伝子型がＡＡで表現型がＡ型のお父さんと、遺伝子型がＯＯで表現型がＯ型のお母さんのあいだに生まれる子は、父方からは遺伝子Ａをもらい、母方からは遺伝子Ｏをもらうので、遺伝子型は自ずとＡＯで表現型はＡ型になります。

この子が成長して、選んだ結婚相手が同じく遺伝子型ＡＯのＡ型の人だったとしましょう。この夫婦から生まれてくる子の血液型の発現確率は、**図1-4**のとおりであり、25％の確率で遺伝子型ＯＯのＯ型となります。つまり、両親ともにＡ型であったのにＯ型が生まれる、あたかも祖母のＯ型が孫で再出現したかのごと

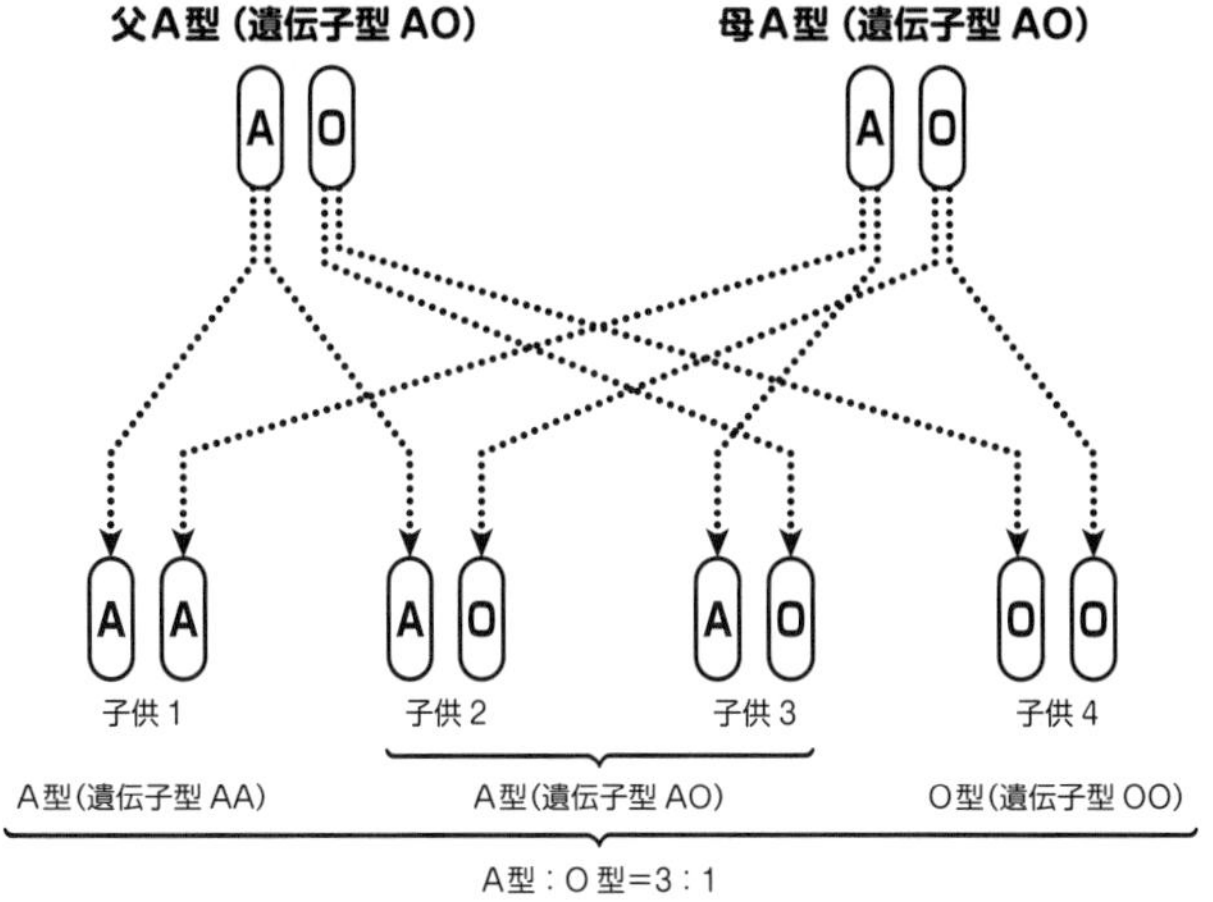

図1-4 遺伝子型AOのA型の夫婦から生まれてくる子の血液型の発現確率

く映るわけで、これが隔世遺伝と呼ばれる所以《ゆえん》です。

なお、おわかりかと思いますが、この25%という数字は、メンデルの法則中の「分離の法則」に基づくものです。

サラブレッドに目を転じれば、「この馬は母の父の特徴がよく出ている」というようなコメントをしばしば見かけますが、当然にこれは隔世遺伝です。また、視覚的にわかりやすい例では、アグネスフライトとアグネスタキオンの全兄弟、最近ではスワーヴリチャードやサリオス、そしてこれを書いている最中に天国に旅立ったタイキシャトルなどが両親ともに鹿毛系ながらも自らは栗毛であることも隔世遺伝の一種です。

生産者が、自己の繁殖牝馬の交配相手に共通祖先を持つ種牡馬を敢えて選ぶこと、つまり近親交配は、生まれてくる仔が父方と母方から同一の潜性遺伝子をもらうことで、この遺伝子が導く形質は顕性遺伝子に隠されることがなくなることを期待するものであるからして、これは隔世遺伝を期待する行為そのものなのです。

両親とも健常なのに重篤な遺伝病（常染色体潜性遺伝病）を持った子どもが生まれることは隔世遺伝の悲しい一例ですし、凡庸な両親から突然に天才が生まれる「鳶が鷹を生む」という現象も隔世遺伝の一例とも言えるでしょう。

メンデルの法則の例外

メンデルの法則を私なりに噛み砕いて説明させていただきましたが、この法則には当然に例外もあります。

まず「顕性の法則」の例外ですが、例としてよく挙げられるのはマルバアサガオの花の色であり、**図1-5**のとおりです。この花の赤と白の遺伝子の関係は「不完全顕性」と呼ばれ、「対」となったおのおのの遺伝子のあいだに顕潜の関係がないことを意味します。また、人のABO式血液型の遺伝子Aと遺伝子Bも顕潜の関係はなく、この両方を持った人はAB型となります。

実際に人間も馬も何万という数の遺伝子を持ちますが、その中でもはっきりとした顕潜関係があるものはごく一部であり、このような中間種（雑種）を導くかのような不完全顕性たるアナログ様の現象が「遺伝」というものの本当の姿と言っても過言ではないでしょう。

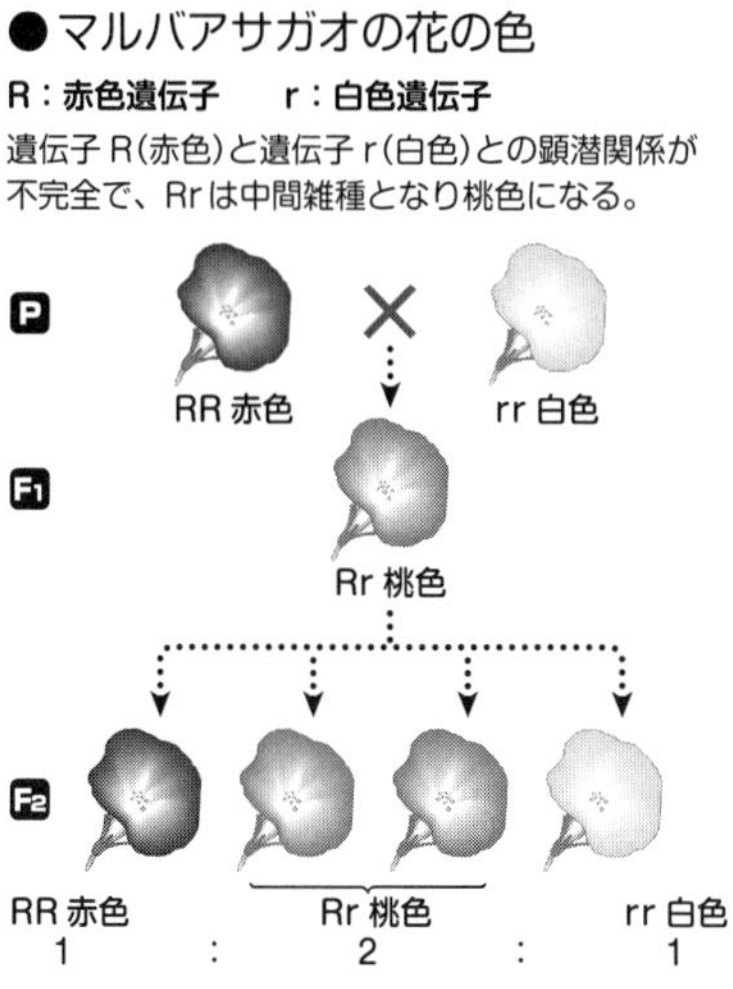

図1-5　不完全顕性　マルバアサガオの花の色

サラブレッドの血統探究の際に、「ミオスタチン」という言葉を聞いたことがある方も少なくないと思います。これは筋肉の成長を邪魔する因子であり、これが活発に働けば筋量が減少します。この遺伝子のタイプにはCとTがあることから、おのおのの個体における遺伝子型はCC、CT、TTの3つのいずれかということになり、CCは筋量が多い傾向（短距離適性あり）、TTは少ない傾向（中長距離適性あり）、CTはその中間と言われています。するとこれは、CとTのあいだにおいても顕潜の関係はないということになります。

なお、運動能力に関与する他の遺伝子や、調教などの環境要因も当然にあることから、個々のサラブレッドの距離適性が単純にこの3つの型どおりになるわけではないことを、念のため申し添えておきます。

次に「分離の法則」ですが、メンデルの法則の中でもっとも普遍的と言われているのがこの法則です。しかし人間のダウン症は、母親の体内で卵子がつくられる際に21番染色体の「対」がうまく「分離」せず、この染色体をダブルで持った卵子がつくられてしまい、結果としてその胎児は21番染色体を3本持ってしまうことが原因です。

なお、例外というわけではないですが、「分離の法則」と聞くと、メンデルが実験で行ったエンドウ豆の受粉の結果たる「〝丸〟と〝しわ〟」や「〝黄〟と〝緑〟」の比率が「3：1」

という数字を思い出す人もいるでしょう。このことから、子の特徴が「3：1」の確率比で出現することをこの法則と思い込んでいる人もいるようですが、これはちょっと違います。

先ほどの隔世遺伝の説明の箇所で引用した図1－4は、両親ともに血液型が遺伝子型AOのA型の場合、父親と母親の「対」の遺伝子が正確に「分離」することにより、子どもの血液型の発現確率はA型：O型＝3（75％）：1（25％）となる図式ですが、これは、先ほど書いたスワーヴリチャード、サリオス、タイキシャトルが、両親ともに鹿毛系ながら25％の確率で栗毛として生を享《う》けたということを意味します。つまり、あくまでこの「3：1」という数値は、この法則に基づく結果のひとつにすぎないということです。

ちなみに、この25％という数字は、染色体という1本の物質の25％（4分の1）の部分をもらう、と思っている人もいるようですが、違います。あくまでそれを親からもらう確率を表す数字です。

分離の法則に基づくこのような分離比たる数値だけを見ると、アナログ様の現象が遺伝の本当の姿だと先に書いたことと矛盾しているように思われるかもしれません。が、この各分離比は次項目で説明する一対の「対立遺伝子」にのみ焦点を当てたものであり、われわれの身体は何万というさまざまな働きを持つ遺伝子が相互に複雑に絡みあった成果物であり、そこにある深遠な現象こそまさしくアナログであって、その延長線上の話が第5章の「エピジェネティクス」でもあるのです。

最後に「独立の法則」の例外ですが、先の本法則の説明で、人のABO式血液型の遺伝子は9番染色体、アルコールの強弱に影響する酵素ALDH2の遺伝子は12番染色体に存在することを書きました。ここで想像してみていただきたいのですが、もしも、その酵素の遺伝子が血液型の遺伝子と同じ9番染色体に存在したならどうなるでしょうか。

もしもそうだった場合、血液型遺伝子Aが載った染色体にはアルコールに強くなる遺伝子も同居していた、ということが発生するわけです。このように別個の形質がリンクして子に受け継がれていく現象を「連鎖」と言います。つまりこの連鎖こそ独立の法則の例外です。

なお私は、ソダシの祖母シラユキヒメから受け継ぐ白毛遺伝子は、すぐれた競走能力を導く遺伝子と連鎖の関係にあるかもしれないという仮説（妄想？）を掲げました。この話は第7章で書きます。

われわれの細胞の中心にある核の中には、父親からもらった遺伝子と母親からもらった遺伝子がセット（つまり「対」）で収納されています。その多くの遺伝子は、父由来か母由来かにかかわらず細胞内で働いているのですが、一部の遺伝子は父由来または母由来の一方の遺伝子しか働かず、このようなあたかも意図的とも思える特異的な現象が、正常な個体の生誕に必須であることも発見されています。この現象は「ゲノムインプリンティング（ゲノム刷り込み）」と呼ばれ、当然にこれはメンデルの法則を超越するものであり、いまも生物学界では解明のための研究が継続されています。

染色体の組換え

染色体は対（ペア）になって存在しますが、染色体のペア同士は、**図1-6**のように部分的に互いに交差します。「対」になった染色体のそれぞれに載った遺伝子同士を「対立遺伝子（アレル）」と呼ぶのですが、つまり、交差する染色体部分に載っていた対立遺伝子の或る群（部分）をトレード（交換）した結果として新たに構築された染色体が子に授けられていくのです。この興味深い現象を「組換え」と呼んでいます。

人間の染色体数は46本ですが、男性の生体において精子が、また女性の生体において卵子がつくられる際には、ペアの染色体同士はおのおの分離され、つまりこれらの数は半減

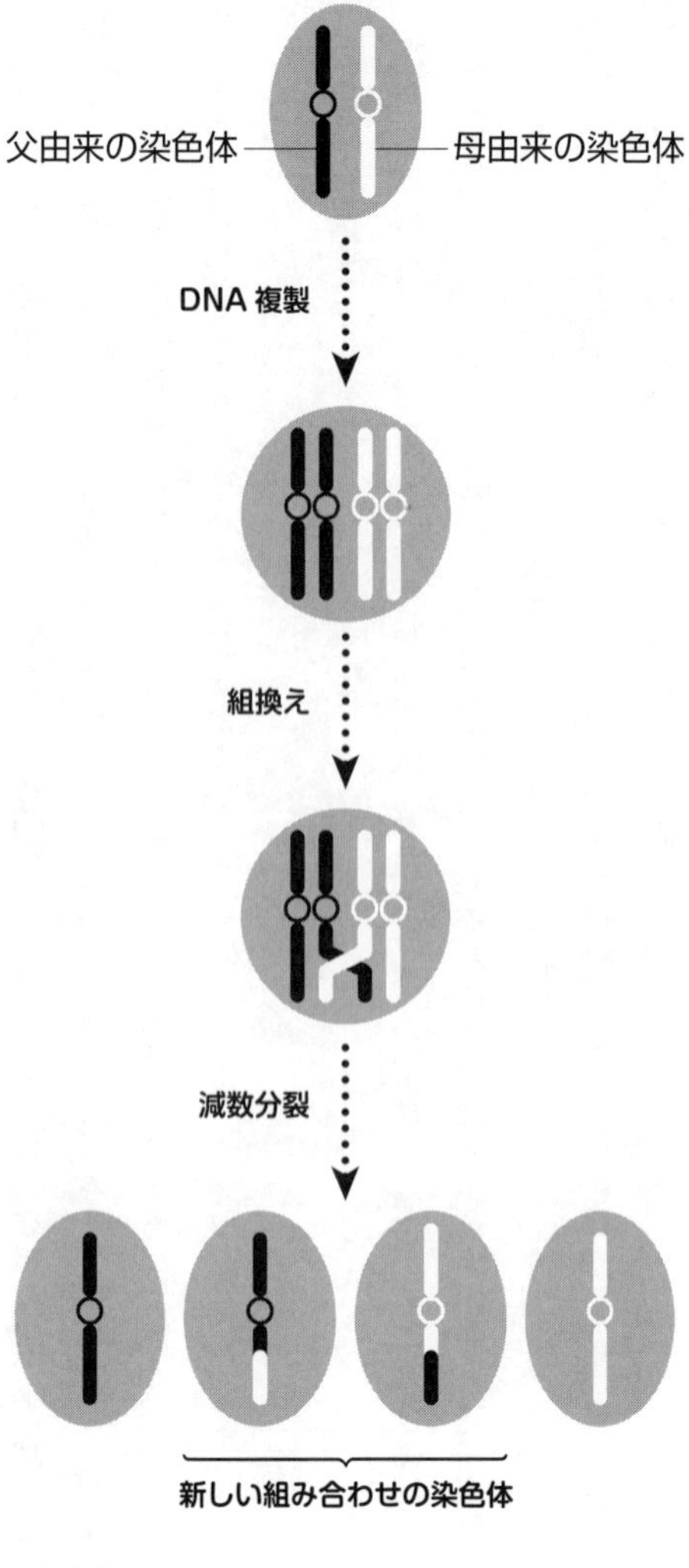

図1－6　染色体の組換え

して、精子および卵子には23本ずつが挿入されます。

ここで重要なのは、23対のペアの染色体は、そのおのおののペアのどちらかがそれこそランダムに個々の精子や卵子に挿入されるということです。しかも1人の男性の精子といえども、その精子ひとつひとつには別の組み合わせの染色体が入っているのです。その組み合わせのパターン数は2の23乗、つまり800万通り以上にのぼります。

さらに、組換えという現象がランダムに起こっており、これが個々の精子および卵子に分配されていくわけですから、同じ男性の精子にしても、その膨大な数の精子が持つ遺伝子の構成はおのおのまったく違うわけです。つまり、一卵性双生児を除く両親が同じ兄弟姉妹同士の遺伝子一致率はほぼ50%（↑次項目で説明します）ではあるものの、じつにまったく違う遺伝子の組み合わせで生まれてきているのです。競走馬に置き換えると、両親を同じくする全きょうだいの血統表はまったく同じですが、全きょうだいそれぞれが実際に保有している遺伝子は、組み合わせがまったく異なっている、ということがご理解いただけると思います。

このように、われわれ「生き物」は唯一無二の個体となって、多様性を維持しているのです。

似て非なる全きょうだい

競走馬を眺めてみれば、全きょうだいでもその競走成績が天と地ほど違う場合が山ほどあります。「全きょうだいでもなぜここまで違うのか」という質問を受けたことがあるのですが、ここで、一人っ子ではない（一卵性双生児でもない）方々には自分と自分のきょうだいとの違いを思い浮かべていただきたいのです。「こいつとは同胞と思われたくない」と思う方も少なくないのではないでしょうか。そのように思われたあなたは、自身のきょうだいとは価値観の相違があるということであり、そのような相違は、心の在り方を左右する遺伝子保有状況の違い（＝形質の差異）に拠るとも推察されうるのです。

以前、SNSを眺めていたら、Aという馬の半弟のBという馬は、父が違うから特性がこのように違う……というようなコメントがありました。確かに父が変われば、そのきょうだいの特性も変わるでしょう。ただそれ以前に、全きょうだいにおいても、一般に思う以上に違う部分があることを力説したくなることがしばしばあります。

全きょうだい同士が同じ遺伝子を持つ割合（以下、便宜上「遺伝子一致率」と言います）はほぼ50％です。例えば、その父親の或る染色体の片方には顕性の遺伝子A、もう片方には潜性の遺伝子aが載っていたとして、第1子はAをもらったとしましょう。一方で第2子は同じAをもらうかもしれないし、aをもらうかもしれません。仮にAをもらった場合、ここだけを見ればきょうだい間の遺伝子一致率は100%となります。しかし、父親および母親の各染色体に載る個々の遺伝子、例えば遺伝子Bとb、遺伝子Cとc、遺伝子Dとd……といった具合にそれぞれがこのように選別され継承されることから、結果として、全きょうだいや二卵性双生児における遺伝子一致率は限りなく50%に近くなるわけです。コインを投げて表が出る確率は、投げた回数が多くなればなるほど50%に近づくことと同じ理屈です（統計学で言う「平均への回帰」）。

つまり、全きょうだいでも半分は違う遺伝子を持っているのです。人も馬もその遺伝子数は万という単位なので、半分違うというのはかなりの数です。遺伝子は1つでも違えばまったく違う特質の個体になることがありますし、悪性の遺伝子をたった1つ持っただけで死に至ることもあります。

ドミノ倒しを想像してみてください。膨大な数のドミノを念入りに立てていたとしましょう。しかし、たった1つのドミノの置き方を誤ってしまったら、その後ろのドミノは倒れなくなり大失敗に終わります。また、開始前に1つのドミノを誤って倒してしまったら、そのうしろのドミノはすべて倒れてしまい、これも大失敗に終わります。これは、邪悪な遺伝子がたった1つあっただけで、身体が機能不全（病気）になることと同じです。

そして、先に書いたとおり染色体の組換えもあり、全きょうだいでもじつにまったく違う遺伝子の組み合わせで生まれてきており、これがまったく違う個性の源になっているのです。

ここで、全兄弟の種牡馬たるブラックタイド、ディープインパクト、オンファイアにおける違い、さらにはドリームジャーニー、オルフェーヴル、リヤンドファミユにおける違いをちょっと考えてみるのもいいかもしれません。同血なんだから種付料も同じでいいじゃないか、とは誰も思わないでしょう。

ついでながら、ドリームジャーニーとリヤンドファミユは鹿毛、オルフェーヴルは栗毛です。ステイゴールドとオリエンタルアートの配合において、その仔が鹿毛系か栗毛系かの比率は、メンデルの「分離の法則」に則れば1：1です。当たり前ではありますが、どの毛色の遺伝子をもらうかは全きょうだいでも個々により違い、これは前述したコインを投げて表も出れば裏も出る話と同じです。

一卵性双生児と二卵性双生児

一卵性双生児は遺伝子一致率は100%、一方で二卵性双生児は通常の兄弟姉妹と同様にほぼ50%です。つまり二卵性双生児は、外見等の形質については通常の兄弟姉妹と同じようにところどころ似ているというレベルであり、これは、同じ双子でも遺伝子一致率の差で一卵性間と二卵性間で形質発現のシンクロ状態に差が見られるということです。

「両親とも背が高ければ、背が高い子が高確率で生まれる」というのは普遍的事実として認識されています。しかし、それは「絶対」ではありません。両親とも背が低くとも背の高い子が生まれることもあります。身長に影響を及ぼす遺伝子はいくつもあるはずで、或る特定の遺伝子の影響力は確かに大きいものの、他の遺伝子も複合的に影響するはずですし、当然のことながら栄養や運動などの環境要因もあります。

つまり、身長を決定する要因は単純ではなく、もしも生物学者に「高身長の両親からは必ず高身長の子が生まれるか?」と問いただしても、「Yes」と答える者は皆無でしょう。もしもそのような答えをしたら、もはやその人は生物学者ではありません。

われわれ人間において、氏より育ちなのか、つまり個々の能力は先天的なのか後天的なのか、これについては、同じ家庭環境や教育環境の双子を利用した科学的研究が国内外で進められています。身体的特徴、運動能力、学力、性格、嗜好などの多種多様な評価項目を設定し、それら各項目において、まったく同じゲノム構成（遺伝子一致率100%）の一卵性双生児間と、通常の兄弟姉妹と同じ関係（遺伝子一致率がほぼ50%）の二卵性双生児間のデータの「ばらつき具合」の差を調査し、そこに統計的有意差が見られた部分が「遺伝」に依拠するというのが前述の研究の要旨です。

この「行動遺伝学」の研究の第一人者として慶應義塾大学教授の安藤寿康氏がおり、氏の著書『日本人の9割が知らない遺伝の真実』（SB新書）、『「心は遺伝する」とどうして言えるのか　ふたご研究のロジックとその先へ』（創元社）、『生まれが9割の世界をどう生きるか　遺伝と環境による不平等な現実を生き抜く処方箋』（SB新書）などではこれら研究の内容が詳述されていますが、前述のそれぞれの項目において、一定の割合で「遺伝」が影響しているということがますますわかりつつあるのです。

なお、くれぐれも誤解をしてはいけないのは、どうしても世間一般は「全か無か」、「YesかNoか」の議論や思考に突っ走ってしまいがちですが、「これは氏、これは育ち」というような単純帰結の議論はまったくの論外ということです。

私の2人の息子は二卵性双生児です。私も妻も、親として、彼らには同様の教育や接し方をしてきたのですが、そのキャラクターの違いは驚きの連続です。将来の希望進路、食べ物の好み、そして興味を抱く娯楽や趣味に至るまで、同じ環境で同時に育ったのになんでそこまで違うのかとあきれかえるほどであり、自分の家族を見ていても、かなりの割合で「遺伝」というものが影響していることは紛れもない事実であろうことをあらためて思い知らされるのです。

そういえば、私の住んでいる自治体では、双子の育児支援のための集まりがありました。役所の一部屋を幼い双子の子どもたちの遊び場として開放し、傍らの親たちは、育児の苦労話の情報交換をする集いでした。

その集いの終わりの時間になると、遊んでいた子どもたちはおのおの自分の親のところに戻っていくのですが、この光景が非常に興味深い。一卵性双生児の子どもたちが同じ親のもとに戻っていく姿を眺めてもなんら違和感はないのですが、他方、二卵性双生児の場合、「その子とその子がペアだったのか！」とビックリの連続でした。

トランプのゲームに、めくった2枚が同じ数字ならそれをゲットできる「神経衰弱」がありますが、まさしく「人間神経衰弱」だと思ったものです。私の息子たちも、別の双子の親からそのように見られていたと思います。

遺伝とはアナログなもの

形質には「質的形質」と「量的形質」と呼ばれるものがあります。メンデルが実験で行ったエンドウ豆の受粉の結果たる「〝丸〟と〝しわ〟」そして「〝黄〟と〝緑〟」や、人間の場合ならABO式血液型がA、B、Oという遺伝子をどのように組み合わせて持ったかによって、A型、B型、AB型、O型という4種類に明確に分別できるのが質的形質です。一方で、身長などはその差異が連続的であり、これはいくつもの遺伝子が関与し、さらに栄養や外部の環境要因も影響していることから量的形質と言います。さらに、運動神経、芸術的才能なども広い意味で同様でしょう。

このような量的形質はいくつもの遺伝子が相互に影響を及ぼし合った結果であって、イギリスの生物学者リチャード・ドーキンスの名著である『利己的な遺伝子』（紀伊國屋書店）には以下の一節があります。

「一つの生存機械は、たった一個のではなく何千もの遺伝子を含んだ一つの乗り物《ヴィークル》だ。体を構築するということは、個々の遺伝子の分担を区別するのがほとんど不可能なほど入り組んだ協同事業である。一つの遺伝子が、体のさまざまな部分に対してそれぞれ異なる効果を及ぼしうる。また、体のある部分が多数の遺伝子の影響を受ける場合もあれば、ある遺伝子が他の多数の遺伝子との相互作用によって効果を表すこともある。また、なかには、他の遺伝子群の働きを制御する親遺伝子の働きをするものもある」

或る病気を誘発する遺伝子が特定されていたとしても、その遺伝子を持った人が必ずその病気を発症するわけではありません。ハンチントン病は運動機能や認知機能に影響を及ぼす進行性の神経変性疾患で、単一の原因遺伝子が特定されてはいます。しかし、その遺伝子を保有した人が実際に発症するのは40歳以上が大多数と言われる一方で、20歳以下での発症も10％程度あるとのことであり、つまり「遺伝」というものは単純に黒か白かで論じられるような代物ではないということです。これは第5章で論ずるエピジェネティクスと深くかかわることでもあります。

ちなみに、ハンチントン病のように或る1つの遺伝子がその因子として特定されているものを「単一遺伝子疾患」と言う一方で、高血圧や統合失調症などの発症には多くの遺伝子と環境要因が関係するとされ、このような疾患を「多因子疾患」と言います。

「遺伝」……それは奥が深くファジーでアナログな現象なのです。それなのに依然として「この馬は○○の3×4だから」というようなデジタル思考が跋扈《ばっこ》していることは、サラブレッドの配合において、そこから先の科学的探究が停滞しているということの証左でもあるわけです。

第2章

近親交配

（インブリーディング）

それはセールスポイントに？

セリにおいて、名簿には各上場馬の近親交配の状況が掲載されています。私は、例えばヤフーのオークション（ヤフオク）やメルカリでは、対象物品に汚れや傷がある場合は、それを出品者が自己申告でコメント欄に記載するように、セリ名簿の近親交配状況の記載もそれに似たもの、つまり「この馬はこんな近親交配になってしまいました……」と言っているような気がしていました。

しかし、ふと、馬を上場する生産者、さらには馬を購買する各位はこれを「セールスポイント」と思っているのか？　と思ったとき、ハッとしたのです。

正しい用語

近親交配の話を詳述する前段として、まずは、そこで出てくる用語について確認しておきたいことがあります。

近親交配の英語は inbreeding、そして incross です。一方で、日本の競馬サークルでは、近親交配の意味で「クロス」という言葉が頻繁に使われるのですが、英和辞書で cross の意味を調べてみても「(異種) 交配」という意味は見当たるものの、近親交配のような意味は見当たりません。私が競馬を観始めて血統に興味を持ち始めた頃には、このような言葉は用いていませんでしたので、いったい誰がいつから用いたのでしょうか。

以前、懇意にしているドバイのオーナーが、自らが保有する繁殖牝馬と候補種牡馬との架空血統表を添付して、「What do you think of this cross?」と私に尋ねてきたことがあります。たぶん、日本の競馬人のほとんどはこの英語を「この近親交配をどう思う?」と翻訳してしまうのではないかと思うのですが、前記からおわかりのとおり、このオーナーは「この配合をどう思う?」と私に訊いてきたのです。

日本遺伝学会が監修した遺伝学用語集たる『改訂 遺伝単』(エヌ・ティー・エス)における、これら関連用語の対訳は以下のとおりです。

cross: 交配、交雑
incross: 近交系内交配、近交系内交雑
outcross: 異系交雑、他殖

海外の関係者を困惑させないためにも、近親交配の意味ではインクロス(incross)、異系

交配の意味ではアウトクロス（outcross）という用語を使うべきです。つまり、近親交配にインクロスという言葉を用いれば、その反対語としてのアウトクロスという言葉も活用しうるわけです。

ここで、クロスという言葉を多用する血統論者の前後の言説を眺めてみてください。その論者の視点は、異系交配より近親交配に偏っていませんでしょうか。クロスという言葉を近親交配の意味で使ってしまえば、異系交配について言及する際に用いる言葉に困ってしまうはずなのですが、そのような論者はもともと異系交配の意義について論ずる意思は稀薄なのかもしれません。

もしかしたら、英語を非母国語とする競馬関係者や、英語を母国語とする関係者でも日本の競馬サークルに迎合するために、近親交配の意味でcrossという言葉を使用していることもあるかもしれません。しかし、本書の冒頭でも申したとおり、血統と遺伝は表裏一体であり、切り離すことなど不可能であることから、グローバルに生物学で使用されている言葉との不整合は避けるべきものです。

プロ野球における「ナイター」は和製語と言われますが、昼間の試合だとは誰も誤解しないでしょうから、なんら問題はないでしょう。他方、日本の競馬サークルがさらなる国際化を目指すのであれば、海外の関係者とのコミュニケーションにおいてできる限り誤解を生まないようにしたいものです。

第1章中の「メンデルの法則」の項目では、日本遺伝学会は「優性・劣性」という言葉は誤解を招くことから「顕性・潜性」に用語改訂を提案したと書きました。この学会はそれ以外の用語や訳語についても変更を提案しており、これに関して前述の『改訂　遺伝単』には、様々な方々や学会から多くの意見が寄せられたと書かれています。例えば、variationの訳語とされた「変異」を「多様性」とする提案などに関する議論は続いている様子です。

いずれにせよ言えることは、このように生物学界内では、より誤解のない言葉の模索を真摯に継続しているということです。

狂気の沙汰?.?.?

図2‐1は2019年のカナダGIのハイランダーステークスを勝ったWet Your Whistleの5代血統表です。これを見たとき、私はぶったまげました。2代母（祖母）が1×2のすごすぎる近親交配。それも、あの偉大なる種牡馬Mr. Prospectorのインクロス。すごいどころの話ではありません。1×2というのは、その種牡馬が自らの娘と交配するという

<table>
<tr><td rowspan="16">STROLL (USA)
dkb/br. 2000</td><td rowspan="8">PULPIT (USA)
b. 1994</td><td rowspan="4">A.P. INDY (USA)
dkb/br. 1989</td><td rowspan="2">SEATTLE SLEW (USA)
dkb/br. 1974</td><td>BOLD REASONING (USA)</td></tr>
<tr><td>MY CHARMER (USA)</td></tr>
<tr><td rowspan="2">WEEKEND SURPRISE (USA)
b. 1980</td><td>SECRETARIAT (USA)</td></tr>
<tr><td>LASSIE DEAR (USA)</td></tr>
<tr><td rowspan="4">PREACH (USA)
b. 1989</td><td rowspan="2">MR. PROSPECTOR (USA)
b. 1970</td><td>RAISE A NATIVE (USA)</td></tr>
<tr><td>GOLD DIGGER (USA)</td></tr>
<tr><td rowspan="2">NARRATE (USA)
dkb/br. 1980</td><td>HONEST PLEASURE (USA)</td></tr>
<tr><td>STATE (USA)</td></tr>
<tr><td rowspan="8">MAID FOR WALKING (GB)
dkb/br. 1992</td><td rowspan="4">PRINCE SABO (GB)
b. 1982</td><td rowspan="2">YOUNG GENERATION (IRE)
b. 1976</td><td>BALIDAR (GB)</td></tr>
<tr><td>BRIG ODOON (IRE)</td></tr>
<tr><td rowspan="2">JUBILEE SONG (GB)
b. 1976</td><td>SONG (GB)</td></tr>
<tr><td>SYLVANECTE (FR)</td></tr>
<tr><td rowspan="4">STINGING NETTLE (GB)
b. 1981</td><td rowspan="2">SHARPEN UP (GB)
ch. 1969</td><td>ATAN (USA)</td></tr>
<tr><td>ROCCHETTA (GB)</td></tr>
<tr><td rowspan="2">NETTLEBED (GB)
b. 1967</td><td>HETHERSETT (GB)</td></tr>
<tr><td>JOYCE GROVE (GB)</td></tr>
<tr><td rowspan="16">WINLOCS GLORY DAYS (USA)
b. 2001</td><td rowspan="8">BELONG TO ME (USA)
dkb/br. 1989</td><td rowspan="4">DANZIG (USA)
b. 1977</td><td rowspan="2">NORTHERN DANCER (CAN)
b. 1961</td><td>NEARCTIC (CAN)</td></tr>
<tr><td>NATALMA (USA)</td></tr>
<tr><td rowspan="2">PAS DE NOM (USA)
dkb/br. 1968</td><td>ADMIRALS VOYAGE (USA)</td></tr>
<tr><td>PETITIONER (GB)</td></tr>
<tr><td rowspan="4">BELONGING (USA)
b. 1979</td><td rowspan="2">EXCLUSIVE NATIVE (USA)
ch. 1965</td><td>RAISE A NATIVE (USA)</td></tr>
<tr><td>EXCLUSIVE (USA)</td></tr>
<tr><td rowspan="2">STRAIGHT DEAL (USA)
b. 1962</td><td>HAIL TO REASON (USA)</td></tr>
<tr><td>NO FIDDLING (USA)</td></tr>
<tr><td rowspan="8">WINLOC'S MILLIE (USA)
b. 1993</td><td rowspan="4">MR. PROSPECTOR (USA)
b. 1970</td><td rowspan="2">RAISE A NATIVE (USA)
ch. 1961</td><td>NATIVE DANCER (USA)</td></tr>
<tr><td>RAISE YOU (USA)</td></tr>
<tr><td rowspan="2">GOLD DIGGER (USA)
b. 1962</td><td>NASHUA (USA)</td></tr>
<tr><td>SEQUENCE (USA)</td></tr>
<tr><td rowspan="4">OUR MILLIE (USA)
b. 1983</td><td rowspan="2">MR. PROSPECTOR (USA)
b. 1970</td><td>RAISE A NATIVE (USA)</td></tr>
<tr><td>GOLD DIGGER (USA)</td></tr>
<tr><td rowspan="2">SLEEK DANCER (USA)
b. 1968</td><td>NORTHERN DANCER (CAN)</td></tr>
<tr><td>VICTORINE (USA)</td></tr>
</table>

図2－1 Wet Your Whistle の5代血統表

ことです。

後述しますが、強い近親交配における健常性リスクは当然に高まります。生産者に確固たる信念があるのなら、どんなにきつい近親交配でもやってみる価値はあるかもしれませんが、どんなインブリーディング推奨論者でさえも、さすがに1×2は狂気の沙汰に映るでしょう。

けれども、ちょっと考えてみてください。もしもあなたが誰かに「どうしてそれが狂気なの？」と問われたとしたら、的確にその理由を説明できますでしょうか。

そのメカニズム

先にも触れましたが、競馬ファンのネット上の書き込みで、「この馬は○○の3×4なので……のような特性がある」というようなものをしばしば目にします。しかし、どうしてそういう視点になるのか。何を根拠にそのように言っているのか。私にはわからず頭をひねることがほとんどです。

そもそも近親交配とは何なのでしょうか。なぜ過度の近親交配はいけないのでしょうか。

近親交配には科学的な「効果」があります。この「効果」という言葉にはプラスの意味もマイナスの意味も含みます。つまりベネフィットもあればリスクもある「諸刃《もろは》の剣《つるぎ》」なのです。

40年以上前、私が高校生の時に読んだハーバード大学医学部助教授のA・ミランスキー氏の著書『あなたの遺伝子 I 未来の親たちへ』（井上喜美雄訳 秀潤社）の冒頭にはいきなり、「あなたは四種から八種の遺伝病の保因者です。それは誰もみな同じことです」とありました。この病気を「常染色体潜性遺伝病」と言い、これを発症させる遺伝子（便宜上、以下「有害遺伝子」と言います）は顕性遺伝子に自らの形質の発現を抑えこまれている潜性遺伝子であるため、ほとんどの人は発症しないですんでいるのです。つまり、父方と母方から並行して同じ潜性遺伝子をもらうと、この遺伝子が導く形質は対立遺伝子たる顕性遺伝子に邪魔されることがなくなることから、その潜性遺伝子が引き出してしまう形質が常染色体潜性遺伝病ということです。

4から8という数字は40年も前の書物に書かれていた数字ではありますが、2021年に発刊された前述の『改訂 遺伝単』では、最近の個人のゲノム解析では、それぞれに10個以上の疾患遺伝子が見つかっていて、「人類みな保因者」であるとのことです。もしもそのような遺伝子をまったく持っていないとするならば、いくら近親結婚をしても遺伝的リスクはないということになってしまうわけです。

2万数千と言われる人間の遺伝子数からみればこれは微々たる数ですが、しかし例えば、日本の民法はいとこ同士まで近親結婚を認めているため、馬吉さんを祖父に持つサラ男くんが、同じく馬吉さんを祖父に持ついとこのブレ子さんと結婚した場合、生まれてくる子どものウマ美ちゃんは、馬吉さんの血を父親のサラ男くんと母親のブレ子さんの双方から並行して継承します。つまり3×3のインクロス状態となり、その血筋を表にすれば**図2－2**のようになります。なお、馬之助さんと馬太郎さんは異母兄弟と思ってください。

馬吉さんも通常の人と同様、有害遺伝子を持っていたはずです（当該遺伝子は図2－2において「a」）。しかしaは潜性遺伝子であり、対立する顕性遺伝子Aがメンデルの「顕性の法則」によりaの形質を隠していたので、つまり馬吉さんの遺伝子型はAaであったので、常染色体潜性遺伝病を発症しませんでした。

aはメンデルの「分離の法則」に基づき50%の確率で馬之助さん

ウマ美（父からaの継承確率12.5%）（母からaの継承確率12.5%）	サラ男（aの継承確率25%）	馬之助（aの継承確率50%）	馬吉（遺伝子aを保有）
	ブレ子（aの継承確率25%）	馬太郎（aの継承確率50%）	馬吉（遺伝子aを保有）

図2－2　継承確率

が継承、さらにそれを50%の確率でサラ男くんが継承します。つまりサラ男くんがaを継承する確率は50%×50%の25%ということになります。

一方のブレ子さんも、馬太郎さんを通じてaを25%の確率で継承します。すると、ウマ美ちゃんが父親のサラ男くんからaを継承する確率は25%×50%の12・5%、同様に母親のブレ子さんからaを継承する確率も12・5%です。

ウマ美ちゃんがサラ男くんかブレ子さんの一方からだけaを継承すれば遺伝子型はAa（ヘテロ接合）となり、前述のとおりこれは問題ありません。しかし、もしもウマ美ちゃんがサラ男くんとブレ子さんの両方からaを継承したなら（確率は12・5%×12・5%≒1・56%）、遺伝子型は潜性ホモ接合のaaとなり、Aという顕性遺伝子がなくなったことからaが導く形質を隠すことができなくなり、病を発症してしまいます。

あくまで遺伝に影響を及ぼす環境等の因子や、他の遺伝子との相互作用、さらには遺伝学で言うところの浸透度※などを考えない理論上の話ですが、仮に馬吉さんが持つ有害遺伝子の数を10とした場合、遺伝病を発症する確率は前述の確率の10倍の値となります。加えて、馬之助さんと馬太郎さんは母親も同じ全兄弟のときは（人の場合はそれが通常）、父方および母方の双方の血筋に登場する共通祖先が、馬吉さんに加えてその母親（後述の馬代さん）という2人となるので、馬代さんも有害遺伝子を10個持っていたとしたなら、さらにその2倍、都合20倍となります。近親結婚ではない通常の結婚の場合における当該遺伝病発症確率は非常に低いので、相対的に高いことがおわかりいただけるでしょう。

一方で、もし逆に馬吉さんの遺伝子aが天才を誘発するような遺伝子だとしたら、凡庸な人物ばかりのサラ男くんとブレ子さんの一族からウマ美ちゃんという天才が突然誕生する（鳶が鷹を生む）ということになります。

確かに人と馬とでは有害遺伝子の数、形質発現機序などに相違はあるでしょうが、近親結婚（近親交配、インブリーディング）の基本的なメカニズムは以上のとおりです。つまり、父方と母方からもらう「同一の遺伝子」が潜性遺伝子の場合にホモ接合体となる（同じ遺伝子を二重で持つ）ことで、この形質の発現を、対立する顕性遺伝子に邪魔されることがなくなり「効果」を生ずるということです。

（※）特定の形質を導く遺伝子型を持ちながら、その形質が個体によって出現したりしなかったりすることがあります。この出現割合を浸透度（浸透率）と言います。

近親交配の度合いの解読法（その1）

図2-3は、エリザベス女王杯の連覇などGⅠを4勝したラッキーライラックの5代血統表ですが、この馬の5代前までの近親交配の状況は以下のように書かれることがあります。

ノーザンテースト 4×5　　Mr. Prospector 5×5

確かに血統表をパッと見ると、ノーザンテーストとMr. Prospectorをインクロスしているように思えてしまいます。しかし、近親交配の「効果」とは、父方と母方の双方から「同じ遺伝子」をもらうことにより生ずることは前述のとおりです。つまり、ラッキーライラックの母ライラックスアンドレースはノーザンテーストの遺伝子を持っていないことから、ラッキーライラック自身はノーザンテーストのインクロスの効果は皆無なのです。同様に、父オルフェーヴルはMr. Prospectorの遺伝子を持っていないことから、Mr. Prospectorのその効果も皆無です。ちなみに、Mr. Prospectorの当該効果は母の父であるFlower Alleyで完結してしまっており、母ライラックスアンドレースにさえ及んでいないのです。

ちなみに、もうちょっときちんと表記する書物やサイトでのラッキーライラックのイン

オルフェーヴル	ステイゴールド	サンデーサイレンス	Halo	Hail to Reason
				Cosmah
			Wishing Well	Understanding
				Mountain Flower
		ゴールデンサッシュ	ディクタス	Sanctus
				Doronic
			ダイナサッシュ	ノーザンテースト●
				ロイヤルサッシュ
	オリエンタルアート	メジロマックイーン	メジロティターン	メジロアサマ
				シェリル
			メジロオーロラ	リマンド
				メジロアイリス
		エレクトロアート	ノーザンテースト●	Northern Dancer
				Lady Victoria
			グランマスティーヴンス	Lt. Stevens
				Dhow
ライラックスアンドレース	Flower Alley	Distorted Humor	フォーティナイナー	Mr. Prospector●
				File
			Danzig's Beauty	Danzig
				Sweetest Chant
		プリンセスオリビア	Lycius	Mr. Prospector●
				Lypatia
			Dance Image	Sadler's Wells
				Diamond Spring
	Refinement	Seattle Slew	Bold Reasoning	Boldnesian
				Reason to Earn
			My Charmer	Poker
				Fair Charmer
		ステラマドリッド	Alydar	Raise a Native
				Sweet Tooth
			My Juliet	Gallant Romeo
				My Bupers

この間でカウントしてはならず

この間でカウントしてはならず

図2-3　ラッキーライラックの5代血統表

クロス状況は以下のように記されています。

ノーザンテーストＳ４×Ｓ５　Mr. Prospector Ｄ５×Ｄ５

「Ｓ」はSire、つまり父方であり、「Ｄ」はDam、つまり母方です（日本軽種馬協会の情報サイト『ＪＢＩＳサーチ』は「Ｄ」ではなく、Mare（牝馬）を語源にしているのか「Ｍ」を使用）。

もうおわかりいただけたと思いますが、「Ｓ×Ｓ」や「Ｄ×Ｄ」の配合は近親交配ではなく、したがってラッキーライラックは、あくまで５代血統表レベルではインクロスする祖先はいない異系配合だということになります。

しつこいようですが、インブリーディングの「効果」は父方と母方の双方から「同じ遺伝子」をもらうことによります。この双方からもらう同一遺伝子が、父親および母親のそれぞれにおいてＡという顕性遺伝子に形質を隠されていたａという潜性遺伝子だとした場合、この仔の遺伝子型はａａという潜性のホモ接合になり、Ａに形質を隠されることがなくなることで「効果」を発現します。よって、Ｓ×ＳおよびＤ×Ｄは、その「効果」を何らもたらさないということです。

父ステイゴールド、母オリエンタルアートの全兄弟たるドリームジャーニーとオルフェーヴルはノーザンテーストの3×4のインクロスです。JRAの機関誌たる『優駿』の冊子中央あたりに綴じられている「重賞プレイバック」では、そこに掲載されている重賞勝馬がドリームジャーニーかオルフェーヴルの産駒ならば、無条件に「ノーザンテースト4×5」と表記されてしまっています(少なくとも2023年4月号までは)。

サラブレッドの配合のインクロス表記において「×」と「・」を使い分けているのもしばしば見かけます。例えばラッキーライラックにおけるノーザンテーストのように、インクロスが片親で完結しているものは「×」ではなく「・」の記号を用い、以下のようにです。

ノーザンテースト4・5　Mr. Prospector 5・5

これは確かに『優駿』の表記よりはベターですが、しかし果たして、その記号を用いている側、そしてこれを見ている側の双方が、「×」と「・」の科学的な意味(意義)の違いを理解しているのかは疑問です。

近親交配の度合いの解読法（その2）

以上のとおり、近親交配とは父方と母方の血筋に存在する共通祖先の同一遺伝子をもらうことを期待する行為です。ここで55ページのウマ美ちゃんの血筋表である図２－２を再度ご覧ください。そして、以下に記すことは、ご理解いただくのにちょっと難儀するかもしれませんが、近親交配の意味（意義）を理解するうえで非常に大切な話ですので、どうかついてきてください。

ウマ美ちゃんが馬吉さんの或る１つの潜性遺伝子を父方と母方から同時に授かる（近親交配の「効果」として当該遺伝子の固有形質を発現する）確率は、父12・5％と母12・5％という数字の「掛け算」の値である1・56％でした。しかし、S×SまたはD×Dの場合におけるこの「掛け算」の一方の数字は０％であることから、当然にその値は０％ということになるのです。

さらに、**図２－４**は２０１８年の宝塚記念を勝ったミッキーロケットの5代血統表です。そして、この馬のインクロス状況は次のように表記されるのがしばしばです。

Mr. Prospector S３×D５　Nureyev S４×D４

Northern Dancer S5×S5×D5×D5

Mr. Prospector の3×5と Nureyev の4×4のインクロスは単純明快ですが、解読が難しいのが Northern Dancer であり、5代血統表の中には以下のとおり4箇所出てきます。

①父方の Nureyev の父として
②父方のトライマイベストの父として
③母方の Nureyev の父として
④母方の Nijinsky の父として

まず①を中心に考えてください。①から見ると②は同じ父方なので考慮対象外であり、③との関係もすでに Nureyev において考慮済みなので対象外です。よって、①から見ると④との間の5×5のみ考慮します。

次に②を中心に考えてみましょう。これは③および④に対してそれぞれ独立したインクロスがあります。つまり5×5が2つ存在するということです。

キングカメハメハ	Kingmambo	**Mr. Prospector**	Raise a Native	Native Dancer
				Raise You
			Gold Digger	Nashua
				Sequence
		Miesque	**Nureyev**	**Northern Dancer ①**
				Special
			Pasadoble	Prove Out
				Santa Quilla
	マンファス	ラストタイクーン	トライマイベスト	**Northern Dancer ②**
				Sex Appeal
			Mill Princess	Mill Reef
				Irish Lass
		Pilot Bird	Blakeney	Hethersett
				Windmill Girl
			The Dancer	Green Dancer
				Khazaeen
マネーキャント バイミーラヴ	Pivotal	Polar Falcon	**Nureyev**	**Northern Dancer ③**
				Special
			Marie d'Argonne	Jefferson
				Mohair
		Fearless Revival	Cozzene	Caro
				Ride the Trails
			Stufida	Bustino
				Zerbinetta
	Sabreon	Caerleon	Nijinsky	**Northern Dancer ④**
				Flaming Page
			Foreseer	Round Table
				Regal Gleam
		Sabria	Miswaki	**Mr. Prospector**
				Hopespringseternal
			Flood	Riverman
				Hail Maggie

この間でカウントしてはならず（①〜②）

この間でカウントしてはならず（②〜③）

この間でカウントしてはならず（③〜④）

図2−4　ミッキーロケットの5代血統表

次に③を中心に考えると、④は同じ母方なので考慮対象外です。

したがって、ミッキーロケットにおけるNorthern Dancerのインクロスは5×5が3つあるということになります。以上をまとめれば、ミッキーロケットの5代前までのインクロスの状況は以下になります。

Mr. Prospector 3×5　Nureyev 4×4　Northern Dancer 5×5　5×5　5×5

ミッキーロケットのように、インクロスする祖先馬が複数あって、その祖先馬同士が親仔関係にある場合や、同じ祖先馬が血統表の中に3箇所以上出現している場合は、解読が難しいことは確かです。しかし、サラブレッドの配合を真摯に検討するのなら、このような解読が必須であることは言うまでもありません。繰り返しますが、S×SおよびD×DはインクロスではありませんしS、その効果も皆無です。けれども、依然としてSおよびDの区別をせずに表記している書物やサイトのせいもあって、ラッキーライラックはノーザンテーストとMr. Prospectorの近交効果を受けていると誤解している関係者やファンは少なくないのではないでしょうか。

いとこ同士の両親を持つ子は3×3のインクロスということとなりますが、その子がどんな人と結婚しても生まれてくる子は4×4の遺伝的な効果や弊害がついてまわるというのでしょうか。そんな馬鹿な話はありません。

なお、あくまでインクロス効果の観点から見る限りでは、例えば「S4×S4」はインクロスではないことから記載不要であり、「S4×D4×D4」の場合なら「4×(4×4)」と表記するのが誤解がなく、ベターであると考えます。

近親交配の度合いの解読法(その3)

まず、ウマ美ちゃんが馬吉さんの同一遺伝子を継承する図式は次のとおりです。

馬吉さんはAとaという遺伝子を対で持っていました（遺伝子型Aa）。よって、メンデルの「分離の法則」により、その子にAを授ける確率は1／2、aを授ける確率も1／2です。すると、ウマ美ちゃんが馬吉さんの潜性遺伝子aをサラ男くんとブレ子さんの両方から継承してaaとなる確率は、$(1/2)^6=1/64 \fallingdotseq 1.56$%となります。1／2を6乗しているのは、先の図式における矢印の数が6だからだということがおわかりいただけますでしょうか。

つまりウマ美ちゃんは馬吉さんの3×3のインクロスだったわけですが、もしも父のサラ男くんが馬吉さんの孫ではなく息子だったなら、2×3ということになり、以下の図式となります。

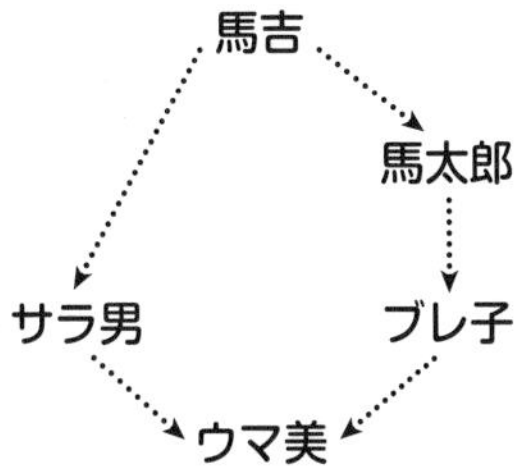

　そうすると今度は、ウマ美ちゃんが馬吉さんの潜性遺伝子aをサラ男くんとブレ子さんの両方から継承してaaとなる確率は、矢印が1つ減ったことから、$(1/2)^5 = 1/32 \fallingdotseq$ 3.13%となります。つまり、2×3は3×3の2倍の「効果」があるということです。

　このことからもおわかりのとおり、矢印が1つ少なくなると「効果」は2倍となり、すると2×3は3×4より矢印が2つ少ない、つまり2倍×2倍＝4倍の「効果」があるということになるわけです。

　そして、馬之助さんと馬太郎さんが母親も同じ全兄弟なら、以下のとおり、その母親である馬代さんを頂点とする「輪」がもう1つできます。

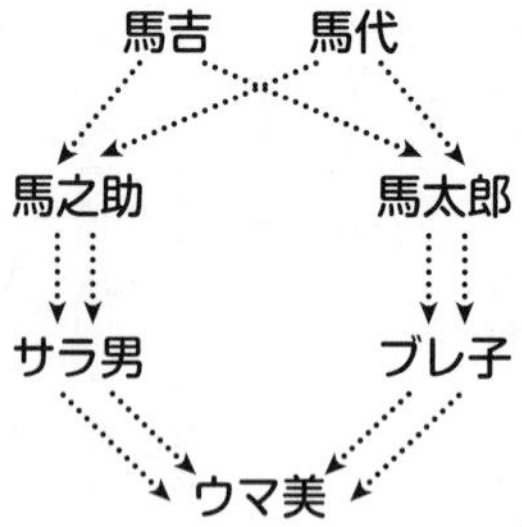

つまりこれは、3×3のインクロスが2つ（ダブルで）入っていることになり、そのリスクの指標でもある近親交配の度合い（以下、便宜上「近交度合い」と言います）は、合算値たる（1／2）^{6}＋（1／2）^{6}＝1／32≒3・13％となり、2×3と同等となるわけです。

参考までに、これらの近交度合いの各数値は以下となります。

1×2：1／2×1／4＝1／8＝12・5％
2×2：1／4×1／4＝1／16＝6・25％
2×3：1／4×1／8＝1／32≒3・13％
2×4：1／4×1／16＝1／64≒1・56％
2×5：1／4×1／32＝1／128≒0・78％
3×3：1／8×1／8＝1／64≒1・56％
3×4：1／8×1／16＝1／128≒0・78％
3×5：1／8×1／32＝1／256≒0・39％
4×4：1／16×1／16＝1／256≒0・39％
4×5：1／16×1／32＝1／512≒0・20％

5×5：　1／32×1／32＝1／1024≒0.10％

この原稿の最終確認中に電撃引退し、種牡馬入りが発表されたエフフォーリア。例えばエフフォーリアとアーモンドアイが交配したならば、生まれてくる仔の5代血統表は**図2-5**のとおりで、サンデーサイレンスの3×（4×5）となりますが、これは3×4と3×5が重なって入ったものであり、近交度合いはこの合算値となります。

繰り返しますが、2×3が1つ、3×3が2つ、3×4が4つ入った場合の近交度合いは同じ値になります（前述の％の値は四捨五入しているので端数は不一致）。

そして、遺伝子同士の相互作用、浸透度、および外部要因を考えないあくまで理屈上の話ではありますが、2×3の配合におけるリスクは、各個体は複数の有害遺伝子を保有しているのが通常であることから、3.13％にその保有する有害遺伝子の数を乗じた値になるということです。

なお、前述の数値はあくまで5代前までしか算定対象にしていないわけで、厳密に各個体の近交度合いを調べるにはさらに祖先をさかのぼる必要があります。また前述の数値は近親交配のリスクの根源たる潜性遺伝子がホモ接合になる確率ですが、顕性・潜性を問わ

エフフォーリア	エピファネイア	シンボリクリスエス	Kris S.	Roberto
				Sharp Queen
			Tee Kay	Gold Meridian
				Tri Argo
		シーザリオ	スペシャルウィーク	**サンデーサイレンス**
				キャンペンガール
			キロフプリミエール	Sadler's Wells
				Querida
	ケイティーズハート	ハーツクライ	**サンデーサイレンス**	Halo
				Wishing Well
			アイリッシュダンス	トニービン
				ビューパーダンス
		ケイティーズファースト	Kris	Sharpen Up
				Doubly Sure
			Katies	ノノアルコ
				Mortefontaine
アーモンドアイ	ロードカナロア	キングカメハメハ	Kingmambo	Mr. Prospector
				Miesque
			マンファス	ラストタイクーン
				Pilot Bird
		レディブラッサム	Storm Cat	Storm Bird
				Terlingua
			サラトガデュー	Cormorant
				Super Luna
	フサイチパンドラ	**サンデーサイレンス**	Halo	Hail to Reason
				Cosmah
			Wishing Well	Understanding
				Mountain Flower
		ロッタレース	Nureyev	Northern Dancer
				Special
			Sex Appeal	Buckpasser
				Best in Show

図2-5　エフフォーリアとアーモンドアイの仔の５代血統表

ず遺伝子がホモ接合になる確率を数値化したものが遺伝学で言うところの「近交係数」です。

蔓延する誤解

第1章の「似て非なる全きょうだい」で書いたとおり、一卵性双生児同士の遺伝子一致率は100%である一方で、二卵性双生児の遺伝子一致率はほぼ50%です。そのことをまず留意してください。

図2-6は、今年の共同通信杯を快勝し、皐月賞で1番人気になったファントムシーフの『JBISサーチ』における5代血統表ですが、この一番下には、Kahyasi と Kerali はおのおの別個に4×4と記載されています。このことにも留意してください。

以上を認識したうえで、今度は**図2-7**を見てください。これは、国内最大級の競馬情報サイトと言われる『netkeiba.com』におけるこの馬の5代血統表の2023年4月初旬現在の表記です。ご覧のとおり下の箇所には、『JBISサーチ』とは違い、父 Kahyasi、母 Kerali の全姉妹たる Hasili と Arrive があたかも一卵性双生児かのごとく「Hasili、Arrive 25・00% 3×3」と書かれています。全きょうだいの遺伝子一致率は二卵性双生児と同じくほぼ50%であるのに、一卵性双生児と同様に遺伝子一致率100%と見なしているがゆえに、

「3×3」という数字が記されてしまっているのです。前述のとおり、4×4が2つ入った場合の近交度合いは0・39％×2＝0・78％である一方で、3×3は1・56％、つまり倍ほど違います。

さらに、ファントムシーフの血統表を眺めると、HasiliとArriveという姉妹はともにデインヒルと交配されているため、それぞれの仔のDansiliとPromising Leadがこれまた一卵性双生児かのごとく解釈されて「このファントムシーフは2×2である」というような言説が、SNS上ではたくさん流れていたことには驚きました。

ちなみに、この馬のあくまで5代前までの祖先データに基づく近交度合いは、2×2どころか2×3より低い値となりますので、よろしければ前述のミッキーロケットにおける近交度合いの解読方法を参考にしながら、シミュレーションをしてみてください。

以上のようなことからもご理解いただけたと思うのですが、競馬サークル内における近親交配に関する解釈は誤解がかなり蔓延しているのです。

ファントムシーフは、昨年末のGⅠホープフルステークスでは2番人気に支持されましたが、その際にデイリースポーツからは、「【ホープフルS】ファントムシーフ〝2×2〟超濃厚クロスで新時代切り開くか」と題された記事が出ました。その記事には「さすがに

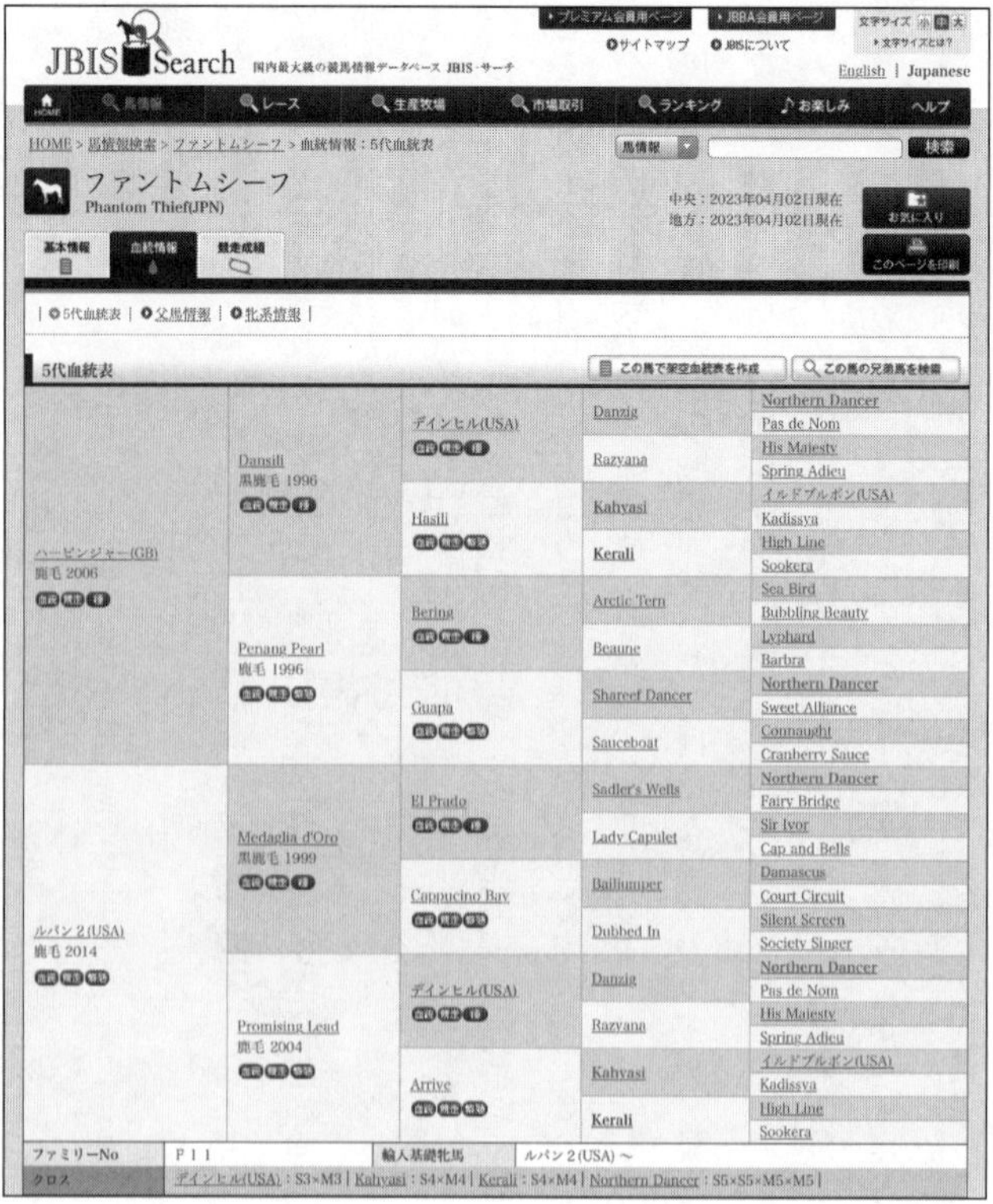

図 2-6 『JBIS サーチ』におけるファントムシーフの5代血統表

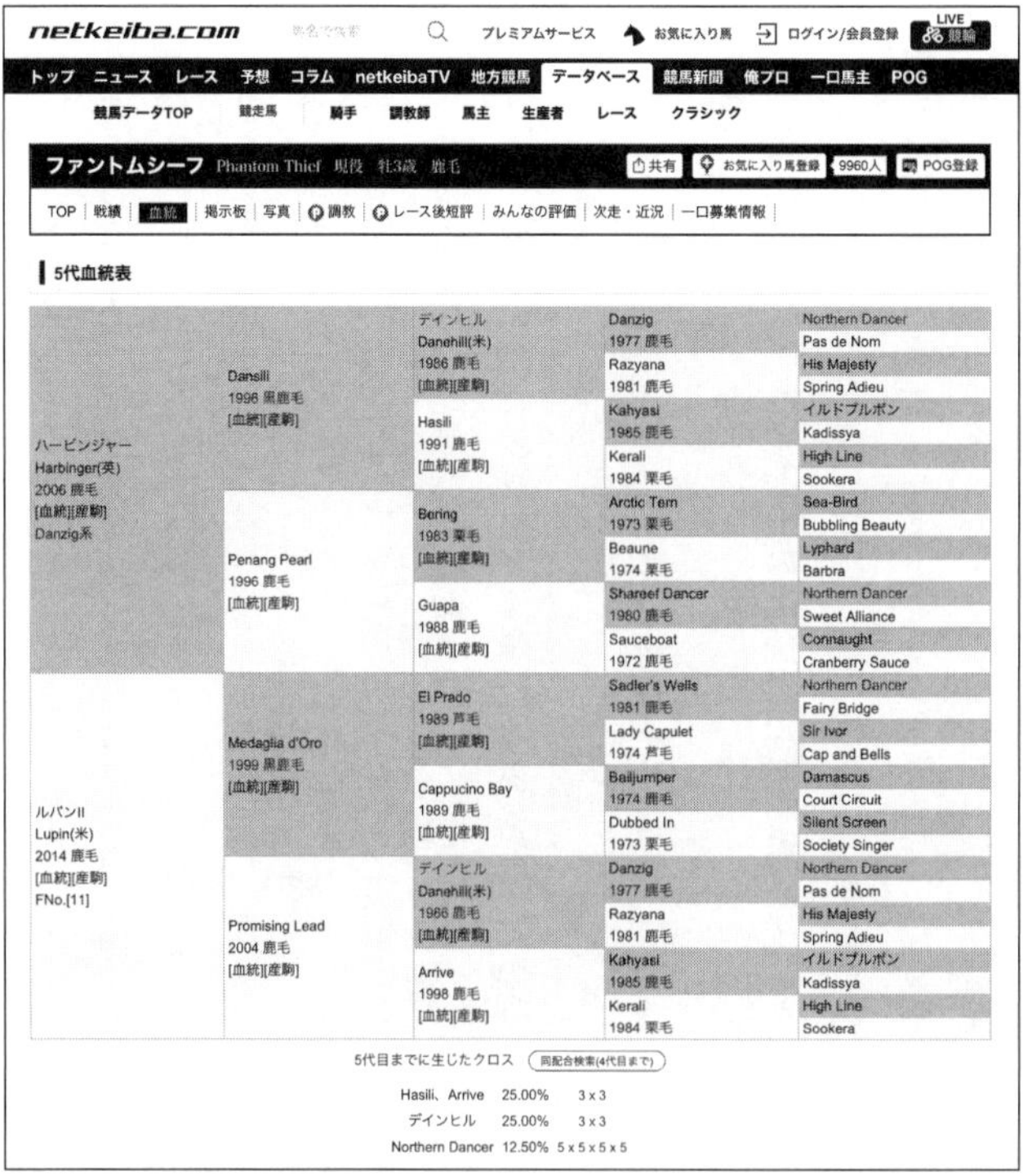

図2-7 『netkeiba.com』におけるファントムシーフの5代血統表

2×2は『危険な配合』と言わざるを得ない」とあるのですが、この馬の生産者があたかもそのような配合に傾倒しているような誤解も招き、生産者に迷惑もかかりかねません。また、メディアがこのような喧伝をし、仮に今後この馬がビッグレースを勝った場合には、逆に2×2が好意的にも受け止められてしまい、本当の2×2を積極的に実践してしまう生産者も出かねません。

共同通信杯の快勝、そして皐月賞3着という実績から、今後も順調であれば、ファントムシーフは今年のGⅠ戦線を賑わすはずです。すると、同様の言説が繰り返し現れると思いますが、その時はそのメディアや評論家を皆さんの眼でしっかりとジャッジいただければと思います。

美味いラーメン屋

各種書物やウェブサイト中の血統表において、インクロスになった祖先は太字や色付きにされているので、どうしてもそこに目が行ってしまいますよね。すると、ファンにしても馬主にしても生産者にしても、そこに好ましい意義があるのではないかと、時に過度な期待を寄せてしまい、さらにはこれをベースとする近親交配奨励理論も当然のごとく出現し、結果として「そこには確かなものが存在するに違いない」という空気が醸成されてしまいがちです。

巷で評判の老夫婦が営む美味いラーメン屋があったとしましょう。腹を空かせて、いざ暖簾《のれん》をくぐりました。そのラーメンを運んできたバアチャンの親指が第一関節までどっぷりとスープに浸かっていたとしても、また、いざ食べようと思ったら、調理したジイチャンの髪の毛が麺にからまっていたとしても、そんなもの気にしなければ美味いものは美味い！ バアチャンの爪の垢がダシになり、ジイチャンの髪の毛に染みついた汗がスパイスとなり、このラーメンの味が素晴らしくなった、なんてことはないでしょう（たぶん）。

突拍子もない喩えをしてしまいましたが、活躍馬に存在するインクロスは、その馬の本質には（バアチャンの親指やジイチャンの髪の毛のように）悪い影響を与えなかったと考える方が妥当な場合が大半ではないかと思うことがしばしばです。その潜性遺伝子が優秀な能力を創出するものであればその個体は有能になるのですが、過度の近親交配はご法度とされているとおり、普段は顕性遺伝子に形質の発現を抑制されている潜性遺伝子には有害な性質を持つものが少なくないと考えられているからです。

サンデーサイレンス産駒でＧＩレース（国際格付前を含む）を勝った馬は44頭いるのです

が、その過半数（57％）の25頭（フジキセキ、ジェニュイン、タヤスツヨシ、イシノサンデー、ステイゴールド、スペシャルウィーク、スティンガー、アグネスフライト、エアシャカール、チアズグレイス、アグネスタキオン、マンハッタンカフェ、メジロベイリー、Sunday Joy、アドマイヤグルーヴ、ネオユニヴァース、オレハマッテルゼ、ゼンノロブロイ、ダイワエルシエーロ、ハットトリック、ハーツクライ、スズカマンボ、ディープインパクト、ショウナンパントル、マツリダゴッホ）は、5代血統表レベルではインクロスがありません。これは単なる偶然なのか。それともサンデーサイレンスの大成功はアウトクロスの賜物なのか。その判断は皆さんにお任せしたいと思います。

いずれにしても、事実をおもしろく膨らませた記述に依拠する書物やウェブサイトでは、このような事実に触れることはまずありません。もしもアウトクロスを奨励したならば、「いい馬を出すには異系交配が大事。以上」で話が終わってしまいかねないからです。

民法第734条

私の伯父夫婦はいとこ同士です。人の兄弟姉妹の場合は父も母も同じなのが大多数であって、伯父夫婦の子は3×3が2つ、つまり2×3と同等の近交度合いとなります。私の母によれば、昔は相手方の家庭環境がよくわかる近親同士の結婚はよくあったとのこと。伯父夫婦の最初の子（私から見たらいとこ）は、生まれつき重篤な病に侵され、最初の誕生日を待たずに亡くなったとのことで、これこそまさしく近親結婚の弊害たる致死性の遺伝病だと私は思っています。

進化論『種の起源』で有名なダーウィンも、愛する妻のエマがいとこであることに心を悩ませていました。ダーウィンとエマとのあいだには10人の子が授かりましたが、じつにそのうちの3人は11歳になる前に死んだとのことです。

ところで、日本の民法の第734条では、近親者間の婚姻の禁止を規定しており、2つの項から構成され、以下がその条文です。

（第1項）
直系血族又は三親等内の傍系血族の間では、婚姻をすることができない。ただし、養子と養方の傍系血族との間では、この限りでない。

（第2項）

第817条の9の規定により親族関係が終了した後も、前項と同様とする。

これを読み解いてみましょう。肝要なのは第1項であり、直系（つまり親と子、祖父母と孫）および3親等以内の結婚を禁止しています。3親等と言えば、自分と伯父（叔父）および伯母（叔母）、そして甥および姪を意味しますが、この間柄で子どもが生まれれば2×3となるわけです。

ここで注意したいのが、人間の場合、異父や異母の兄弟姉妹はかなり少ないのが実際であり、そうすると、その3親等同士で生まれた子どもは2×3が2つ入っていることになり、これは先述のとおり2×2と同等の近交度合いになってしまうのです。よって、遺伝学的にもかなり不健全なわけであり、第1項のような条文の存在は当然と言えるでしょう。

しかしです、留意すべきは「ただし、……」の部分（俗に言う「ただし書き」）です。3親等以内でも、血縁がない義理の兄妹や姉弟における結婚はOKとなっているのです。

私は、この第734条第1項の「ただし書き」に非常に興味を持っています。この草案をつくった者は、血縁さえなければ問題ない、逆に言えば、血縁度が近い者同士で子どもをもうけると非常に危険だ、ということを認識していたということにもなるからです。

この第1項は、戦後の民法改正においても明治時代に制定された規定をそのまま受け継いでいるとのことですが、これは、科学とは無縁だったであろう当時の法律家でさえ、いや、科学にも造詣が深かった法律家がいたとしても、当時はメンデルの論文も世に認められておらず、当然のことながら「遺伝子」などという概念もなかったはずなのに、近親結婚のリスクをきちんと理解していたということがうかがい知れるのです。以前、懇意にしている弁護士の先生にこの第734条の起源について質問したことがあるのですが、親族間の結婚においては奇形や重い病気の子が生まれる可能性が高いことをみんな目の当たりにしていたからじゃないのだろうか、とのことでした。

日本の民法は、時をさかのぼれば諸外国の民法を参考にしながら起草されたようですが、そこにもこのような条文があったのでしょうか。往時のヨーロッパ諸国の王室は近親結婚を繰り返した小さな社会で、各種遺伝病が頻発していた様子であり、日本の民法第734条も原点はそこにあるのだろうか?……などと私の脳裡で思考は巡り、ぜひとも法律や世界史の専門家の方々にはご教示いただきたいところです。

先述のとおり、ダーウィンは自らが近親婚であることに悩んでいたようですが、『種の起源』の渡辺政隆訳版（光文社古典新訳文庫）の「第8章　雑種形成」には、「ごく近縁な個体間での近親交配が何代も続くと、同じ生活条件の下で飼育し続ける場合は特に、必ず病弱で不稔性の高い子が生まれてくると信じている」とあることからも、その悩みの深さは容易に想像できます。

自然の摂理

京都大学前総長の山極壽一氏は霊長類学者ですが、以前読んだ氏のコラム（2015年5月10日付の毎日新聞「時代の風」）には、「性の季節はサルではオスに、類人猿ではメスに、親元を離れて血縁関係のないパートナーを作るように働きかけるのだ」とありました。

また、俗に「恋愛遺伝子」と呼ばれるHLA（Human Leukocyte Antigen・ヒト白血球抗原）遺伝子について、『日本人の遺伝子　ヒトゲノム計画からエピジェネティクスまで』（一石英一郎　角川新書）には、「女性は自分のHLA遺伝子ともっとも異なるHLA遺伝子を持った男性のにおいに魅力を感じるという結果になったのです」とスイスのベルン大学で行った実験結果が書かれています。

このように自然界では、自らの種の保存のために、不自然な遺伝子構成にならないような仕組みがプログラムされており、人為的に配合相手を選別するサラブレッドはこのような仕組みの外側にいるということなのです。生産界が、このような深遠な「遺伝子の在り方」を長期にわたって見誤ると、そう簡単に元には戻れなくなり、ひいては日本のサラブレッド全体のレベルの問題にまで発展しえます。このあたりの話は第3章で詳述します。

肉牛の現状

昨年（2022年）9月26日の日本経済新聞に「霜降り至上主義　和牛受難」という記事があり、肉牛における過度の近親交配による近交係数上昇が非常に深刻な様子です。この記事によれば、兵庫県は「神戸ビーフ」のブランド維持のため他県の牛とは非交配の方針を取った結果、近交係数が約30年間で10ポイント近く上昇したとのこと。サラブレッドと違い肉牛は人工授精を行っているため、1頭の種牛から得られる仔の数は、自然交配を原則とするサラブレッドの比ではなく、実際に生まれてきた仔の近交係数は、親仔間の交配による数値と近似の例もある様子です。

アスリートたる競走馬においては、その個体の健常性を求めるのが至上である一方で、肉牛においては、人間の食の嗜好を追求するのが至上であり、この観点には確かな差異があります。また、馬と牛とでは有害な潜性遺伝子の数や種類も違うはずであることからも、近親交配の許容度合いに差もあるのは当然です。しかしながら、馬にしても牛にしても、遺伝子という設計図に基づきおのおのの個体がつくり上げられているわけですから、その偏りのオーバーランには細心の注意が必要であることに変わりはありません。

この日経の記事の中では、「過度な近親交配は繁殖性や発育性の低下を引き起こす可能性がある」「特定の遺伝子に頼り切るのは危険だ。一度消えた遺伝子は取り戻せない」とあり、これは、次章で説明する「ボトルネック効果」の行き着く果てです。

現在の日本の消費者の嗜好は「霜降り」に傾いてはいるものの、もしも将来、その嗜好が赤身のような「非霜降り」に変化した場合、その嗜好変化が、和牛の遺伝子の多様性低下がさらに進んだ後であれば、それに対応するのは非常に困難となってしまうという話も聞きました。

この話を競走馬に当てはめれば、特定の距離に特化した馬づくりにばかり気を取られると、将来の競馬体系の変化に対応できないということを連想しました。第7章の「仮説（その5）……隠し味のような血の意義」に書いたこととも関連性がありそうです。

純血種という病

『純血種という病　商品化される犬とペット産業の暗い歴史』（マイケル・ブランドー著　マーク・ベコフ序文　夏目大訳　白揚社）という本があります。この本の原題は「A Matter of Breeding」であり、直訳すれば「育種における問題」といったところでしょうが、訳者が敢えて本書の和文タイトルをこのようにしたのは、その内容からも、純血種の根底に流れる近親交配の弊害を周知したかったからのような気がしてなりません。私自身、犬のブリーディングの世界はあまり知らなかったのですが、この本を読むと、その問題の奥深さに唖然とします。

以下は序文からの抜粋です。

「二ヶ月のブルドッグの多くが必要とする目の手術、四歳のラブラドールに見られる股関節の異常……血統書つきの犬の世界では、明らかに何か間違ったことが起きているのだ」（同書9ページ）

「血統に対する近代の狂信や、いわゆる『ブリーディング』の概念は、ヴィクトリア朝時代のイギリスの発明品だが、そうした考え方は我々の文化に根づき、結果として、

犬、そして人間にも憂慮すべき影響を与えることになった」（同書10ページ）

以上の指摘について、サラブレッドの世界にも当てはまる部分はないでしょうか。

「私たちは、近親交配の危険性や極端な身体構造の負の側面、今日のペット産業の邪悪さを伝える大量の情報に関心を払わない」（同書20ページ）

「美しさのために品種改良された家畜たちの間では、不妊の個体が増え、病気も蔓延した。これは、一つには王族のように近親交配が続いたためである」（同書93ページ）

衝撃的なのは、ブルドッグは極端なブリーディングの産物であるため、その頭蓋骨は大きくなりすぎ、通常の出産ができず帝王切開で生まれてくるとのことです。

サラブレッドの優劣を測るには、とりあえずレースにおける強さという指標があります。つまり「健常第一」ということです。一方で犬の場合、その優劣の大半は外観（ルックス）によって決定され、つまり人間の「嗜好」という主観でいかようにも左右されてしまうことが、その悲劇を何世紀にわたっても繰り返す要因になっているようです。

20世紀初頭に英国で施行された、祖先のすべてが『ジェネラルスタッドブック』に収録されている馬にさかのぼることができなければサラブレッドに非《あら》ずとした「ジャージー規則」ですが、健常面たる競走成績に影響をもたらしたことからも撤廃されました。しかし、依然として犬のブリーディングの世界は、その品種ごとに、このジャージー規則もどきが厳然と存在してしまっており、往時のヨーロッパ諸国の王室に頻発した悲劇がいまもいたるところで起きているということです。

猫においても、２０１６年10月29日の朝日新聞夕刊の「猫ブームで懸念高まる　猫に広がる遺伝性疾患　犬と『同じ轍』踏むか」という記事が警鐘を鳴らしています。この記事では或るセミナーを紹介し、「メンデルの法則など中学生レベルの生物学から始まり、これまでに原因遺伝子が明らかになっている遺伝性疾患の具体的な症状まで、獣医師がわかりやすく説明していく」とありました。

近親交配は「常染色体潜性遺伝病」の発症率を高めますが、この記事によれば、生後2、3カ月で貧血が起こる赤血球ピルビン酸キナーゼ欠損症もそのひとつであり、発症した猫の多くが4歳程度で死んでしまい、ソマリやアビシニアンにおける発症はかなり高率とのことです。

スコティッシュフォールドの「折れ耳」も遺伝性疾患のひとつとのことで、「遺伝性疾患をなくすもなくさないも、繁殖の現場にいるブリーダーの皆さん次第」とあり、ブームがもたらす弊害の対処のためには、中学生レベルの内容からの啓発が必要だということに、社会全体の問題の深さを感じざるを得ません。

われわれは、今日の自然科学（生物学）の目まぐるしい進歩を横目で見ている一方で、犬猫のみならず、健常性第一のサラブレッドについてさえも、そのブリーディングの源流たる「遺伝」の基本原理やリスクをあまりにも看過してきたのではないでしょうか。

この章の最後に、もうひとつだけ『純血種という病』にある一節を引用したいと思います。


「他の血が混じることは決して許されない。純血種と認められた犬たちは代々、血統書に記されてきた。血統書は極めて閉鎖的で、少しでも純粋でないとみなされた犬は、その名が載ることはない。ただ、見方を変えれば、血の純粋さを保つために、そこに載っている限られた犬たちの間で、長らく近親交配が行われてきたことが、現在の犬の健康状態の悪化につながっている。これは、人間の王族、貴族が近親婚を繰り返した結果、健康を害したのと同じ現象と言える」（同書171ページ）

第3章

失われる遺伝的多様性

遺伝的多様性の低下

皆さんが「思い出に残る栗毛馬は？」と問われたとしたら、どの馬を挙げますか？　私なら、この世界に誘《いざな》ってくれたテンポイントだと迷わず答えますが、ここ10年近くで印象が強いのはやはりオルフェーヴルでしょうか。活躍した栗毛きょうだいならば、第1章の「隔世遺伝」でも触れたアグネスフライトとアグネスタキオンがいましたし、ダイワメジャーとダイワスカーレットも印象深いです。たてがみが金髪の尾花栗毛ではトウショウファルコ、トーホウジャッカルを思い出しますし、先に触れたタイキシャトルも忘れられない栗毛馬でした。

ところで、最近の日本のビッグレースでは栗毛の馬をあまり見かけなくなったな、と思った方もいるのではないでしょうか。

2022年の皐月賞は、出走馬18頭中、唯一の栗毛馬であったジオグリフが勝ちました。先に書いたとおり、鹿毛遺伝子をホモで（ダブルで）持つディープインパクトやロードカナロアのような種牡馬からは栗毛産駒はまったく出ないこともあり鹿毛系全盛ですが、栗色に光ったジオグリフが17頭を引き連れてゴールする姿はやはり映えましたね。

『サラブレッドに「心」はあるか』（楠瀬良　中公新書ラクレ）には、「日本競馬の歴史を変えたといわれるサンデーサイレンス。その息子で種牡馬として大活躍したマンハッタンカフェは外見がうりふたつでした。ともに青鹿毛で流星鼻梁鼻白。これだけ似ている場合は、親子関係の判定はDNA検査を待つまでもないような気もします」とありました。確かに外見はそうなのですが、サンデーサイレンスの産駒にはアグネスタキオンのように栗毛馬もいることから、遺伝子型はEeであると断定できる一方で、マンハッタンカフェの産駒には栗毛が一切いないことから遺伝子型はEEと推定され、このように目に見えない遺伝子レベルでは確かな違いがあるのです。

第1章で書いたことの復習となりますが、サンデーサイレンスのような遺伝子型Eeの種牡馬が栗毛（栃栗毛を含む）の牝馬と交配すると、その仔が栗毛である確率は50％ですね（メンデルの「分離の法則」）。しかし、ディープインパクトやロードカナロアのような遺伝子型EEの種牡馬と栗毛牝馬を交配しても、その仔に栗毛はまったく現れず、まさしくその例がジェンティルドンナでありアーモンドアイです。

面白い例がハルーワスウィートを母に持つ3頭のGI馬。父がディープインパクトのヴィルシーナとヴィブロスは、ジェンティルドンナやアーモンドアイと同じく父は遺伝子型EEの鹿毛に母は栗毛なので、まったく栗毛は現れないパターンだったのですが、父がハーツクライ（遺伝子型Ｅｅの鹿毛）となったシュヴァルグランは栗毛です。

このように、一部の種牡馬にあまりに人気が集中すると、毛色の割合にも見て取れるように、その生物集団の形質が偏ります。一部の種牡馬への人気集中は、その子孫間における近親交配の増加を伴い、結果としてそれは遺伝的多様性の低下をもたらします。以下は、環境省自然環境局の一機関である生物多様性センターのウェブサイト中の「遺伝的多様性とは何か」というページ（https://www.biodic.go.jp/reports2/parts/5th/5_gdiv/5_gdiv_02.pdf）からの抜粋です。

「生物の保全を行う上では、特に『遺伝子の個性の減少』が問題になることがわかってきました。『遺伝子の個性の減少』した（＝遺伝的多様性が低い）集団では、伝染病・害虫などに抵抗性を持つ遺伝子が失われ、すべての個体が同じ病気にかかったりします。また、仔の死亡率が高まり、繁殖の成功率が低下したりします。この現象は、近交弱勢《きんこうじゃくせい》とよばれていますが、その原因は遺伝的多様性の低下により、集団から遺伝子が失われることにあります」

２０１８年、競走馬理化学研究所の研究者諸氏が、「Evaluation of recent changes in genetic variability in Japanese thoroughbred population based on a short tandem repeat parentage panel」と題した論文[※1]を発表しました。その内容は、日本の生産界は配合模索において特定の競走能力ばかりを追求し、その結果、特定の人気種牡馬ばかりがもてはやされることによって、特定の遺伝子に関してヘテロ接合が減少しているとのことです。つまり、ヘテロ接合が減少しているとはホモ接合が増加しているということであり、これによって遺伝的多様性低下が惹き起こされつつあるようで、これはまさしく近親交配が高頻度に行われてきていることを示唆しています。

この論文は「日本の生産界が持つべき配合に対する考え方」にまでは言及していませんが、現在の生産界に対して警鐘を鳴らしていることに間違いありません。けれどもその一方で、生産界がこのような論文が指摘している内容を「警鐘」であると理解できているかは甚だ疑問です。

多様性低下の深刻化

２０２２年３月23日付で、ＪＡＩＲＳ（ジャパン・スタッドブック・インターナショナル）

のウェブサイトに「種付頭数制限ルール撤回も血統の健全性への懸念は残る（アメリカ）【生産】」と題された記事がありました。これは、米国の競馬情報誌（情報サイト）である『BLOODHORSE』の記事の翻訳のようで、これは後述する一旦は施行が決定しながらも撤回された北米の種付頭数制限策の話がベースとなっています。

この記事の中では「Genomic inbreeding trends, influential sire lines, and selection in the global Thoroughbred horse population」という論文[※2]が引用されており、留意したい記述がいくつかありました。まず、導入部分で以下が書かれています（和文は私の意訳）。

"the increasing use of small numbers of popular sire lines, which may accelerate a loss of genetic diversity."

（少数の人気系統の種牡馬の使役増加により、遺伝的多様性低下に拍車がかかっている）

"Inbreeding is often a consequence of selection, which in managed animal populations tends to be driven by preferences for cultural, aesthetic or economically advantageous phenotypes."

（交配が人為的になされる動物において近親交配は、文化的、美的、経済的に好都合な表現型を優先させるためにしばしば行われる）

"In Thoroughbred horse breeding selection of potential champion racehorses is a global multi-billion-dollar business, but there is no systematic industry-mediated genomic selection or genetic population management. We hypothesised that the market-driven emphasis on highly valuable pedigrees and the common practice of inbreeding to successful ancestors in attempts to reinforce favourable variants in offspring has resulted in a global reduction in genetic diversity."

（サラブレッドの生産において優秀馬の選抜は世界的な数十億ドル規模のビジネスであるものの、その遺伝子選択や遺伝子群を管理する組織的な産業構造がない。われわれは、「市場が価値ありと見なした血統の偏重と、子孫における好ましい形質を増強するために優秀祖先の血のインブリーディングを広範に実践してきたことが、世界的な遺伝的多様性の低下をもたらした」という仮説を掲げた）

以上は、まさしく後述の米国が種付頭数制限を実践しようとしたことと直結する話です。

そして、この論文の結論部分には以下が書かれています。

"We report here a highly significant increase in inbreeding in the global Thoroughbred population during the last five decades, which is unlikely to be halted due to current breeding practices."

（われわれは、世界のサラブレッド全体においてこの50年間で近親交配が激増したこと、そして、現在の生産慣習ではそのような状況が変わりそうもないということをここに報告する）

バイアスのかかった遺伝子プール

先に紹介した本書の参考文献の1つたる『改訂　遺伝単』には、「遺伝子プールとは、一つの種（繁殖可能な個体群）もしくはメンデル集団が共有できる遺伝子の総体のことである」とあります。では「メンデル集団」とはなんぞや？　と思えど、専門家の先生方には当たり前すぎる言葉であるからなのか、これをきちんと説明している書物が稀有であり、なんとか手もとの電子辞書にある『旺文社　生物事典』で見つけた説明によれば、「集団遺伝学が対象とする生物集団。この集団の中では、各個体間の交配が自由に行われ、集団に対する個体の出入りがないとみなされるような十分多数の個体数からなる同種生物の集団」とのことでした。

この生物事典の説明から、本項目の小見出したる「バイアスのかかった遺伝子プール」という言葉に違和感を抱いた方がいらしたら素晴らしい。

そうです。もう一度前記の生物事典の説明文をお読みいただきたいのですが、「各個体間の交配が自由」とあることから、「バイアス」という言葉の意味を「その『自由』と相容れない外部からの作用」と理解した場合、その作用が及んだ生物集団の遺伝子群を「遺伝子プール」と呼べなくなってしまうわけです。つまり、交配相手を人為的に選択しているサラブレッドという集団にこの言葉を使うことはふさわしくないと生物学者からは言われそうですが、本書では弾力的に解釈し、使用させていただきます。

Galileo の血に埋没する欧州

昨年（2022年）の凱旋門賞。日本調教馬を除く出走馬16頭の Galileo の血の持ち具合を調べてみたところ、Galileo の孫は10頭でした。さらに、Galileo の父は Sadler’s Wells であり、その曽孫《ひまご》まで目を向けてみると14頭にのぼりました。

昨年末の時点でGalileoを父に持つGI勝馬は97頭にものぼります。2019年の英ダービーを勝ったAnthony Van Dyckも、同年の仏ダービー（ジョッケクルブ賞）および翌年の凱旋門賞を勝ったSottsassも、異父きょうだい（半姉）にGI馬がいます。あらためてですが、Anthony Van Dyckは父がGalileo、Sottsassは母の父がGalileoです。体内のエネルギー産出工場であるミトコンドリアの遺伝子は母親からのみ授かるので（＝母性遺伝）、後述の第4章および第7章のとおり私は母系は重要である旨の仮説を掲げていますが、そこに記したように、種牡馬の質にとらわれずに複数のGI馬を産む繁殖牝馬を擁する母系は非常に貴重です。けれども、結果論ではあるものの、そんな血筋にこのようにGalileoの血が当然のごとく入り込み、遺伝的多様性低下の袋小路に誘導されてしまっていることはいかがなものかとも思ってしまうのです。

確かに、ダービー馬を輩出できたのはGalileoの血の威力に拠る部分が大きかったかもしれません。けれども、生産界全般における遺伝子構成の在り方を中長期的に見すえた視点を持たず、そのような目の前の結果オーライの思考がグローバルに蔓延してしまっていないでしょうか。

Beauty Is Truth（2004年愛国産）は、The United States、ハイドレンジア、Hermosa

という3頭のGⅠ馬を産んでいますが、すべて愛国産の父 Galileo です。そして、You're so thrilling（2005年米国産）は、Marvellous、Gleneagles、ハッピリーという3頭のGⅠ馬を産み、さらに2021年の仏オークス（ディアヌ賞）をその娘 Joan of Arc が勝ったことからなんと4頭のGⅠ馬の母となりましたが、これら4頭もすべて愛国産の父 Galileo です。

ついついこれら各馬のGⅠ勝利は Galileo の威力のように言われがちです。しかし、繁殖牝馬が生涯に産める数はせいぜい10数頭なのですから、複数のGⅠ馬を産むこと自体が尋常ではないのです。そんな「母の力」を持つ系統に安易に Galileo の血を注ぎ込んで、将来の配合の選択肢を極端に狭めることにリスクを感じる生産者は果たしてどの程度いるのでしょうか。

あふれるサンデーサイレンスの血

日本に目を転じれば、2019年にディープインパクトが死に、ひとつの時代が終わりました。そしてまた新たな時代が始まりましたが、私はその「新たな時代」は、日本の生産界の正念場のような気がしてなりません。

至宝種牡馬がいなくなったからではありません。彼の死はほんの少し早かったものの、いつまでも種牡馬として現役でいられるわけではありませんでしたし、こればかりは多少の時差があったということにすぎません。

私が「正念場」と思っているのは、あまり不安を煽りたくはないものの、1世紀前の、俗に言われる「セントサイモンの悲劇」のフラッシュバックのごとく、もしかしたらここからが新たな悲劇の開演ではないかと、彼の死をもって感じ始めているからです。それは、後述のとおり、今日の競馬サークルにおけるリスク感覚の稀薄化を切に感じるからです。

振り返れば、サンデーサイレンスの産駒は1994年にデビューしました。16歳で死んだサンデーサイレンス、17歳で死んだディープインパクト。しかし、Mr. Prospector のように、彼らが30歳近くまで種付を継続していたならば、日本の生産界は果たしてどうなっていたでしょう。その顚末を具体的に想像した者はどれだけいたでしょうか。

サンデーサイレンスは日本競馬史において類を見ない種牡馬であり、さらにディープインパクトを中心とする後継種牡馬により、日本の生産界における遺伝子プールは非常にいびつになっていることに疑う余地はありません。

「悲劇」などと言って不安を煽ってしまいましたが、杞憂に終わればそれにこしたことはありません。けれども、実際に悲劇が開演し、それがクライマックスに達してしまうと、もうあとには戻れないのです。人気種牡馬の年間種付頭数は200頭以上が当たり前となって、生産馬全体における遺伝子構成の偏りがますます助長される状況下、その悲劇の脚本たる「遺伝的多様性の低下およびその影響のメカニズム」だけは競馬関係者、特に生産者の方々にはしっかりと認識していただきたいのです。これは、先に書いた肉牛の話において、霜降りの遺伝子ばかりになると赤身の非霜降りに戻れなくなってしまう話とも相通ずることです。

私の中では悲劇の始まりを予感するいくつかの胸騒ぎがありました。例えば、2011年のオルフェーヴルが勝った日本ダービー。出走馬18頭はすべてサンデーサイレンスの孫でした。これこそ日本産馬における遺伝子構成の極度の偏りの始まりの合図です。

稀薄化するリスク感覚

サンデーサイレンス、そしてディープインパクトがいなくなった現在は「新たな時代」だと書きました。そんな中、或る雑誌でサンデーサイレンスがいなくなった現在の我が国の競馬に関する記事を見たのですが、その文中にはちょっと気になるくだりがありました。

この記事には、或る競馬関係者（以下「A氏」）の談話が載っており、サンデーサイレンスの血が飽和している日本の生産界ながらも、サンデーの3×4の配合ができるようになってきた現在は自由度がかなり大きくなった旨が述べられていました。さらに、「セントサイモンの悲劇」から100年以上経ったいまは血が多様化し、同様の悲劇が起こることはないと思われるとのことで、その理由として、凱旋門賞を連覇したEnableのような2×3の強い近親交配馬の存在、そして、ブルードメアサイヤーとして活躍しているキングカメハメハが血の飽和に対する緩衝剤となっている旨の持論が展開されていました。

まず気になるのは、Enableのようなごく一部の例を挙げて全体を好意的に見てしまっていないかということです。以前私は、2016年から18年の世界のGI競走に勝った馬のインクロス状況を調べたのですが、その中で2×3の強いインクロス持ちはEnableただ1頭でした。ちなみに世界のGI競走は年間約450もあります。最近では、2021年の愛2000ギニーを勝ったMac SwineyはGalileoの2×3、2022年のケンタッキーダービーを勝ったRich StrikeはSmart Strikeの2×3ですが、このようにせいぜい数頭が挙げられる程度です。

近親交配の負の側面たる遺伝的多様性の低下、そしてその結果たる近交弱勢が、Enableのような馬をつくり出す代償だとしたなら、それはあまりに大きすぎませんか。先に紹介した論文のとおり、サラブレッドの遺伝子プールにおける遺伝的多様性の低下が深刻になりつつある中で、いまは血が多様化しているなどという言葉を目の当たりにすると言葉を失いかけます。

非サンデーサイレンス系のキングカメハメハやロードカナロアの台頭で、表面上は多様化しているようには映るでしょう。以前読んだ或る著名種牡馬を紹介した記事に、「息子の〇〇を通じて世界的にサイヤーラインを発展させている」という表現がありましたが、サイヤーライン（父系）というものだけに焦点を当てればそのとおりかもしれません。しかし、これについてはまったく別の角度から眺める必要があるということです。

例えば、この半世紀に繁栄を見たサイヤーラインと言えば、Northern Dancer や Mr. Prospector の系統がまずは挙がるでしょう。しかし、Northern Dancer や Mr. Prospector にしても、自らの血は自らのサイヤーラインだけを繁栄させたわけではありません。母の父として、母の母の父として、父の母の父として、その存在感を示し、世界各国の血統地図を塗り替えたのです。つまり、「世界的にサイヤーラインを発展」という言葉から漏れてくるのは、恣意的に血統表の最上段のラインしか見ていないということなのです。

A氏曰く、ブルードメアサイヤーとして活躍しているキングカメハメハが血の飽和に対する緩衝剤とのことですが、サンデーサイレンスにしてもブルードメアサイヤーとして重厚な存在感を示しているわけであり、逆にこのことが仇《あだ》となってサンデーのインクロス馬の急激な増殖が起こり、日本の生産界の健全性を脅かし始めているわけです。

各個体の近交度合いを示す「近交係数」とは父方と母方の双方に名が出てくるすべての共通祖先に係る数値の総和です。今後は、サンデーのインクロスとキンカメのインクロスの両方をもつ個体、さらに将来的には、ディープインパクト、ハーツクライ、ロードカナロアなどのインクロスを同時に包含した個体の急増も予想されます。つまり「緩衝剤」どころか「増強剤」にもなりうるのです。1世紀前はセントサイモン単独に起因したものが、現在の情勢は起因種牡馬が多数であり、「〇〇の悲劇」の〇〇に入れる固有名詞は、もはや特定不能状態になりつつあり、悲劇が始まってもいつ始まったかさえ把握できないことが予想され、これはまさしく後述する「サイレントキラー」なのです。

また、この記事では、生産界では著名なB氏の談話も載っており、近親交配によって健康面で問題のある産駒が多く出たり、血の飽和が競走能力を阻害する要因になったりする状況ではないことは確かだと述べているのですが、何を根拠にそこまで断言できるのでしょうか。

仮に、A氏の談話にしてもB氏の談話にしても正しいのであれば、以下で述べるアメリカで議論が継続している種付頭数制限案などまったく無意味でナンセンスということになります。

競馬サークルは「3×4はOK」のような空気に支配されてきましたが、そんな空気の醸成を率先したのはまさしく先代、先々代の生産者たちであり、その軌道修正の使命を後継者は背負わされます。

「率先した」とは言いすぎで、せいぜい「助長した」という表現が妥当だったかもしれませんが、しかし、このような空気が蔓延し、近親交配に対するリスク感覚が麻痺しかかっているサークル全体に対して、「遺伝的多様性」の低下、それに基づく「近交弱勢」の影響をダイレクトに受けうるのは生産者であり、その中でも一定規模以上のマーケットブリーダーには多大です。バイヤーの嗜好をブランド血統に安直に誘導し、似たり寄ったりの形質の血を濃縮させたツケがいま、前述および後述の論文のとおり、ブーメランのごとく返りつつあるのです。

繰り返される胸騒ぎ

先に書いたとおり、オルフェーヴルが勝ったダービーの全出走馬がサンデーサイレンスの孫だったことが私の最初の胸騒ぎでした。ところで、いまこれを読んでくださっている皆さまの中で、一口馬主やＰＯＧ（ペーパーオーナーゲーム）をやられている方は少なくないと思います。その皆さまの所有馬ですが、サンデーサイレンスを3代前の祖先とする「曽《ひ》孫《まご》」たるエピファネイアやモーリスの産駒も少なくないと想像します。そして、その大半はサンデーの３×４のインクロスではないでしょうか。これが私の新たな胸騒ぎです。

デアリングタクト、エフフォーリア、サークルオブライフ、ジェラルディーナというＧI馬は、これらを父に持つサンデーの３×４ではないか、と言う人も少なくないかもしれません。

ところで、『スタリオンレヴュー』という書物があります。これはサラブレッド血統センターが、競馬関係者全般に毎年配布している非売品で、種牡馬ごとの交配相手がリストアップされています。例えば『スタリオンレヴュー２０２２』では２０２１年の各種牡馬の交配相手がすべて記されているのです。そこで、２０２１年のエピファネイアとモーリスの配合牝馬のリストから、当該配合におけるサンデーサイレンスのインクロス状況をチェックしてみました。結果の内訳は以下のとおりです。

エピファネイアの種付総数218のうち：

2×4：1（0%）

3×4：109（50%）

4×4：29（13%）

4×（4×5）：1（0%）

140（64%）

モーリスの種付総数146のうち：

3×4：81（55%）

4×4：20（14%）

101（69%）

加えて、エピファネイアの半弟たるサートゥルナーリア。スタッドインした2021年からかなりの人気のようですが、母がシーザリオたるこの馬も当然にサンデーの曽孫。というわけで、早速この馬の2021年の種付総数205におけるサンデーのインクロス状況もチェックしたのですが、結果は以下です。

3×4：109（53％）
4×4：13（6％）……このうち1つはスペシャルウィークの3×3
4×5：1（0％）

123（60％）

ちなみに、右におけるサンデーのインクロスなしの数は205－123＝82となるのですが、サートゥルナーリアにおいては、このインクロスなしのパターンとなった牝馬にどのくらい輸入馬がいるかをついでに調べてみました。すると、この82のうち53は輸入牝馬でした。これらは自ずとサンデーの血を持っていないので、そこで、内国産牝馬だけを対象にした総数152をベースにしてみると、おのおののポイント（%）は以下のように上昇するのです。

3×4：109（72%）
4×4：13（9%）
4×5：1（1%）
123（81%）

私は、サートゥルナーリアはスタッドインする前から個人的にかなり注目していたのですが、このような配合状況に対して、もう少しなんとかならないものかと思ってしまうわけです。半兄たるエピファネイアのサンデー3×4産駒からデアリングタクト、エフフォーリア、サークルオブライフというGI馬が出ているように、サートゥルナーリアのサンデー3×4産駒の中からも素晴らしい馬はたくさん出るでしょう。しかし、問題の焦点は、「個」ではなく「群」なのです。生物学的には「集団遺伝学」の範疇の懸念なのですが、これについてはのちほど論じます。

あらためて、これらサンデー曽孫種牡馬たちの交配状況の数字を眺めて驚きませんか。尋常ではありません。

他方、サンデーサイレンスを2代前の祖先として持つ「孫」であるキズナの2021年の交配における当該インクロス状況も参考までに見てみましょう。

キズナの種付総数192のうち：

3×3：　4（2％）
3×4：　21（11％）
　　　　25（13％）

ご覧のようにその数は、物の見事にガクンと減ります。「サンデー孫牝馬」は日本の生産界にあふれているものの、「孫」と「孫」の配合では3×3になってしまうことに加え、ディープインパクトがいなくなった現在、その後継種牡馬としてのキズナに輸入牝馬が多数あてがわれており、実際の種付相手192のうち114（59％）は輸入牝馬なのです。

このように、キズナのような人気種牡馬には多くの輸入牝馬が割り振られますが、今日のバイアスのかかった遺伝子プールの状況下、もはや輸入牝馬なしにサンデーの孫同士となる配合を避けるのも難しくなりつつあり、結果としてサンデーの3×3馬も増加の一途をたどる気配です。

「3×4」の呪縛

アーモンドアイの交配相手にしても、競馬サークルが3×4に対してこれほどまでに寛容でなければ、初年度はエピファネイア、次年度はモーリスという選択肢は果たしてあったのでしょうか。言わずもがなですが、これらおのおのの配合はサンデーサイレンスの3×4です。

既述のとおり、3×3は3×4より倍の「効果」があります。私は『サラブレッドの血筋』という自費出版本を出しており、2010年生まれの馬のうち、2012年6月2日から11月4日にJRAでデビューした馬1998頭の近親交配状況をサンプリング調査した結果を掲載しました。

その結果は、3×3のインクロス例は42であった一方で、3×4のインクロス例は23

0と5倍超も跳ね上がったのです。つまり、3×4のリスクは3×3の半分に過ぎないにもかかわらず、生産界は「3×3はリスキーだが3×4なら大丈夫」というような肌感覚を抱いているということがこの数字から読み取れます。これは、逆に言えば、そこまで3×4を許容するのなら、そこまで3×3を敬遠する必要はないということにもなるのです。「生き物」に対しては、ここからが安全、ここからが危険という明確なボーダーラインを引くことなど不可能です。つまり、3×3と3×4のあいだの良し悪しに関する線引きの科学的な根拠やデータは皆無です。

基本的なデータの読み解き方で思うことがあります。現在、日々のニュースでは都道府県別の新型コロナウイルスの感染確認者数が報じられていますが、その数を読み解くうえで気をつけなければならないのが、例えば、1千万人を超える東京都の100人と地方の県の100人とでは意味がまったく違うということです。

ソダシが阪神ジュベナイルフィリーズを勝ち、白毛馬として初めてGI馬となった翌週のTBS系日曜朝の『サンデーモーニング』のスポーツコーナーでは、司会の関口宏さんが「白毛馬はなかなか（ビッググレースを）勝てなかった」と言っていたのですが、それはそうです。数が極端に少ないのですから。データの観点からは当たり前の話です。

エピファネイア産駒においてはサンデーサイレンスのインクロス持ちの方が成績がいい、と言っていた血統評論家もいましたが、果たしてそのような評論家は、エピファネイア産駒の大半がすでにサンデーのインクロス持ちであるということをきちんと理解しているのかということです。これだけ大量生産されたサンデー3×4のエピファネイア産駒ゆえに、エピファネイアという種牡馬は近親交配につきまとう「負の作用」にも屈せずに優良産駒を出す素晴らしい種牡馬だ、という視点もあって然るべきではないでしょうか。これは先に書いたラーメン屋の話のごとくです。

3×4をサラブレッドの市場が好意的に見るのなら、当然ながらマーケットブリーダーの馬づくりはそちらに走ります。しかし、それ以前に、生産界が近親交配の強弱を気にせずに配合を実践していれば、3×4の馬は自ずとそれなりの数になってしまうわけであり、そうすると大きなレースを勝つ馬の多くが著名種牡馬の3×4になったことは容易に想像でき、結果、3代前の血量12・5%と4代前の血量6・25%を合算した「奇跡の血量18・75%」などという言葉も出現しました。そして、深慮のない「3×4神話」がトコロテン式にできあがってしまい、さらにこれを好意的に見てしまうというスパイラルに入りこんだ状態が現実なのではありませんか。その行き着いた先が、エピファネイアとモーリスの産駒の現状です。

以前私は2016年から18年の3年間に開催された全世界のＧＩの勝馬の近親交配状況を調査したと書きましたが、調査した延べ1372頭においても、3×3の数は34例、3×4は167例と約5倍であり、このことからも、「3×3はリスキーだが3×4はＯＫ」という感覚に支配されているのは国や地域を問わないようです。

サラブレッドの配合シミュレーションを楽しむゲームソフトにおいてはそのような負の要素がきちんと考慮されているのかは疑問ですが、しかしセレクトセールで何千万、何億とするような馬を購入する者に、そのようなソフトの愛好者も少なからずいるのかもしれません。マーケットブリーダーのジレンマは続きます。

レイデオロはサンデーサイレンスの血が入っていないので、種牡馬になったらかなりの人気が出るものと思っていましたが、そのとおりの様子です。留意すべきは、レイデオロがディープインパクトの仔の牝馬と交配すると、ウインドインハーヘアの3×4となります。生物学的に意義は見出せないながらも「牝馬のインクロス」の効果が一部で信じられている様子もあるので、レイデオロのスタッドイン前には、これを宣伝文句とする一口馬主向けパンフレットを私は何気なく想像していたのですが、果たして。

ボトルネック効果

96ページで紹介した論文[※2]が参考文献としている既存論文の1つに、「Founder-specific inbreeding depression affects racing performance in Thoroughbred horses」と題されたものがあります。[※3]「inbreeding depression」とは先に説明した「近交弱勢」のことであり、以下が書かれていました。

"Population bottlenecks that occurred during the ancestry of the Thoroughbred, including the domestication of the horse, and the foundation of the breed, might have increased the frequency of deleterious alleles through genetic drift. It is also possible that continued inbreeding of the Thoroughbred population over the past 300 years has inadvertently increased the frequency of deleterious variants in the population, potentially through hitchhiking on selective sweep regions."

端的に訳せば、「300年にわたる深慮ない近親交配の継続によるボトルネック効果により、有害な遺伝子を持つ個体が増加した」といったところでしょうか。

この「ボトルネック効果」については図3－1をご覧ください。このように狭い首（ネック）を持つボトルからこぼれ出た球の色の割合は、もともとのビンの中にあった球全体の色の割合から変化してしまうということです。つまりビンの中の球の色は、この図よりももっともっとたくさんの種類があったとしても、ボトルネック作用が繰り返されることによってその種類がどんどん減ってしまうわけで、一度減ってしまったなら、もうあとには戻れないのです。この球を遺伝子に置き換えて考えてみれば、遺伝的多様性低下が惹き起こされるしくみがおわかりいただけるでしょう。

さらに、2022年6月29日付の『BLOODHORSE』の記事「Study Links Gene to Soundness in Racehorses」で「Inbreeding depression and the probability of racing in the Thoroughbred horse」という論文※4を紹介していました。繰り返しますが、「inbreeding depression」とは近交弱勢です。この論文の内容を端的

赤と黄の球が半々くらい
入っている
細いビン首を通して取り出すと、
たまたま赤の割合が多くなった

図3－1　ボトルネック効果

に言えば、解析の結果、近親交配は相対的に競走成績にマイナスの効果を及ぼしているというデータが新たに出てきているということであり、この論文の冒頭にあった以下の一文には突き刺さるものがあります。

"Genomics-informed breeding aiming to reduce inbreeding depression and avoid damaging haplotype carrier matings will improve population health and racehorse welfare."

サラブレッドの近交弱勢を題材とした論文に「welfare（福祉）」という言葉が躍り始めたことは、前章の「純血種という病」で書いた犬や猫の現状と同様の状況にサラブレッドも陥りつつあることが、やはり現実味を帯びてきたということではないでしょうか。

生産者において、「この牝馬はこんな特徴だからこの種牡馬を付けた。その結果として、このようなインクロスになった」というような単なる結果論ならまだ理解はできます。しかし、「○○の3×4をつくりたいからこの種牡馬を選んできた」というような発想は、非常にリスキーだということです。そしてサークル内には「○○の3×4だからこの馬はこんな特長だ」というような、あたかもインクロスは優秀馬産出のベースとなっているかのごとき言説があふれかえっているのです。

受け皿

既述のとおり、エピファネイア、モーリス、サートゥルナーリアの産駒の大半がサンデーサイレンスのインクロス持ちで、その多くが3×4という状況ですが、これは、サンデーの血が蔓延した日本の生産界において、サンデーの曽孫の種牡馬は、その孫の牝馬の受け皿にされたということではないでしょうか。

以下は2022年の社台スタリオンステーション（以下「社台SS」）のカタログに掲載されている繋養種牡馬33頭におけるサンデーサイレンスの血の持ち具合です。

仔：1頭

ダイワメジャー

孫：16頭

アドマイヤマーズ、イスラボニータ、オルフェーヴル、キズナ※、キタサンブラック、キンシャサノキセキ、クリソベリル、コントレイル※、サトノアラジン※、サトノダイヤモンド※、スワーヴリチャード、ダノンキングリー※、ミッキーアイル※、リアルスティール※、レッドファルクス、ロゴタイプ

曽孫：4頭

エピファネイア、サートゥルナーリア、モーリス、ルヴァンスレーヴ

非サンデー：12頭

サトノクラウン、シスキン、ドレフォン、ナダル、ニューイヤーズデイ、ハービンジャー、ブリックスアンドモルタル、ポエティックフレア、マインドユアビスケッツ、ルーラーシップ、レイデオロ、ロードカナロア

サンデーサイレンスの仔と孫だけで過半数です。また、孫16頭のうち（※）を付したものがディープインパクトの仔で7頭もいます。

サンデーサイレンスの血を持つ繁殖牝馬の交配相手としてサンデーの血を持たない種牡馬を選びたいと思っても、サンデー系の牝馬の総数はもはや半端ではないこと、そして3×3はリスクを感じるも3×4はまったくOKという風潮もあり、サンデーの曽孫種牡馬はサンデー孫牝馬の受け皿にされてしまうことは当然の結果です。サートゥルナーリアとルヴァンスレーヴの種牡馬入りは2021年からでもあったことから、それまではエピファネイアとモーリスが社台SSにおけるサンデー曽孫種牡馬の二枚看板だったわけです。

2018年から2021年と4年連続でディープインパクト産駒がダービーを制覇しましたが、そのうちの3頭（ワグネリアン、コントレイル、シャフリヤール）は5代前までにインクロスがありません。その一方で、これらサンデーの曽孫種牡馬の産駒において、このように5代前まででインクロスなしで生まれてきた馬は果たしてどれだけいるのだろうかと、どうしても思ってしまうわけです。

金太郎飴

サンデー曽孫種牡馬の産駒はサンデーの3×4が大半ということから、どうも私は「金太郎飴」を連想してしまうのです。金太郎飴のごとき近親交配馬の量産は、非健常馬産出率が高まるリスクがつきまとうのは避け難い事実です。要するに、生産界全体がこのような配合に傾倒すること自体が究極のギャンブルなのですが、もしも生産者各位がそのような状況をギャンブルとも認識できていないとしたなら非常にリスキーなことです。

確かにデアリングタクト、エフフォーリア、サークルオブライフ、ソングライン、ジェラルディーナ、さらに昨年末のホープフルステークスを勝ったドゥラエレーデはサンデーの3×4です。これだけ量産された金太郎飴なのですから、その中には他とは違いすぐれた「味」を出すものは当然のことながらいるでしょう。そして、サンデーの3×4馬が増加する中、今度はサンデーのインクロスで生まれた馬にまたサンデーの血を持った馬を交配する「上塗り」も避けられなくなります。71ページに載せたエフフォーリアとアーモンドアイが交配した場合の図2－5がその例です。

さらにはサンデー以外のキングカメハメハ等のインクロスも持つ「多重インクロス馬」であふれることとなり、日本の生産界は甚だしいバイアスがかかった遺伝子の集合体となり（＝遺伝的多様性の低下）、後戻りも難しくなる「負のスパイラル」に突入していくわけです。

ところで、揶揄表現として「金太郎飴」という言葉を使ってみたのですが、この言葉をサンデーの3×4の馬に当てはめたのは自分が最初だとずっと思っていたのです。が、すでに血統評論家の吉沢譲治氏が使っていたのを知ったときは驚きました。以下は吉沢氏の著書『血のジレンマ　サンデーサイレンスの憂鬱』（NHK出版）からの抜粋です。

「したがって何も考えずに、ただランダムに配合しても簡単に『三×四』ができる時代がいずれやってくる。そのサンプル数が総体的に多くなるわけだから、大レースを勝つ馬も『三×四』が多くなるのは当然となってくる。そのときピラミッドの頂点に光を当て、『やっぱり三×四は勝利の方程式だ、奇跡の血量だ』と声高に叫んでも、何の説得力もない。ピラミッドの中段、下段のどこを切っても間違いなくサンデーサイレンスの『三×四』のはずで、早い話が金太郎あめのようなものなのである」

この本は2011年に出版されたものですが、あらためて吉沢氏の先見の明に脱帽しました。

「収率」「歩留まり」

きつい近親交配において、受胎率低下や流産（死産）率上昇、さらには奇形発症率上昇が起こるのは、いまさら説明するまでもないでしょう。よって、サラブレッドのような産業動物におけるきつい近親交配は、「収率」「歩留まり」が落ちるという表現がまさしく当てはまるのです。

自己の生産においてそのような現象が発生した場合に、「それは近親交配に起因するものではなかったのだろうか……？」といった視点も持ち合わせている生産者は果たしてどの程度いるのだろうかと思うこともしばしばです。調教師にしても評論家にしても、その眼は競走馬として入厩できた個体ばかりに向きますが、生産者はそうはいかないことを忘れてはなりません。

もっとも、どんなにきつい近親交配だったとしても、有害遺伝子を継承することなく無事に関門を突破して健常な身体を授かった個体ならば「競走馬」として登録されうるわけであり、よって、競馬場に姿を現す馬においては、その弊害を懸念する必要性は薄れているとも言えるかもしれません。しかし、遺伝病というものは加齢とともに発症するものもあり、それが内面的なものであれば、なおさら気づきようもないのです。

日本においても世界においても、3×4の数が3×3より5倍ほど多い話を先に書きましたが、もしかしたらこれは、3×3という強い近親交配で生まれた馬では競走馬になる前に脱落するものが多かった（つまり収率が悪かった）から、結果として5倍という差が出たというのが実際だったのかもしれません。

そして、本稿のゲラ（校正刷り）を待っている最中に、アーモンドアイがキタサンブラックの仔を受胎したというニュースが飛び込んできました。驚きました。サンデーサイレンスの3×3だからです。

サイレントキラー

以前、ビジネスに迫り来るリスクの型として、「コブラ型」と「ニシキヘビ型」の話をセミナーで聞いたことがあります。コブラはご存じのとおり猛毒を持ち、噛まれれば瞬時に命の危険に陥るものです。例えば、内部告発により不正が発覚して一気に企業の信用が下落するのがそれでしょう。

一方で、ニシキヘビはコブラと違って毒を持たず、相手を徐々に絞め殺すという大きな違いがあります。特定系統への血の偏りに基づく遺伝的多様性の低下のリスクは、典型的なニシキヘビ型だと私は思っています。

「生産界」という巨大な身体に、ニシキヘビがゆっくりとまとわりつく姿を思い浮かべてみてください。巻きつかれても当初は苦しさを感じない。しかし時間が経ち、ついに呼吸困難等の自覚症状が出てしまったら、もはやThe End……。

なお、ニシキヘビは徐々にどころか瞬時に絞め殺してしまうという説もあるので、前述の比喩は適当ではないのかもしれませんが、ここではちょっと大目に見てください。

ところで、「サイレントキラー（silent killer）」という言葉を聞いたことがあるでしょうか。訳せば「そっと忍び寄る殺し屋」であり、高血圧症を例として、重篤になるまで自覚症状がない病気の比喩に用いられる言葉なのですが、「生産界さま」という患者さんにおける「遺伝的多様性低下症」がこれに当てはまります。

そのような状況が無配慮に今後も続くようであれば、個々の生産者が自己の配合で近親交配にならないように気をつければ済むという話では到底ありません。それは焼け石に水です。現在の生産界はワールドワイドに「巨大な一人の患者」と化しているのかもしれず、すでにサイレントキラーに侵蝕され始めているのかもしれません。つまり、広範な地盤沈下がすでに、それこそ気づかぬうちにゆっくりと、そしてまたゆっくりと、起きつつあるのかもしれません。

アメリカの危機意識

２０１９年９月、アメリカジョッキークラブは各種牡馬の年間種付頭数を１４０に制限することを検討中と発表しました。同年９月６日の『ＢＬＯＯＤＨＯＲＳＥ』の記事には「The Jockey Club board of stewards, concerned with narrowing diversity of the Thoroughbred gene pool, announced…」とあり、北米においても特定の種牡馬への著しい人気集中による遺伝的多様性の低下が懸念されていることが記されています。

そして２０２０年５月、アメリカジョッキークラブは、２０２０年以降に生まれた種牡馬については年間種付頭数を１４０以下に制限するルールを、アメリカ、カナダ、プエルトリコで施行すると正式に発表しました。これは、２０１９年以前に生まれた種牡馬に対しては一切の制約がないことから、当初の案から見ればかなり緩和修正された内容でしたが、種付頭数制限は大手ブリーダーの利益に確実に反するため、私はこの案はけんもほろろに廃案にされると予想していたのです。よって、そもそも発効が決定されたこと自体が驚きでしたし、個人的には非常に評価しました。そしてアメリカには、遺伝学の分野においても問題解決に真摯に取り組む一定数の科学者がいることが想像できたのです。

……が、結果としてこの策は反故にされてしまいました。

2021年の2月、ケンタッキーの3つの大手ブリーダーは、本施策の無効化を求めて裁判を起こしました。同月23日の『BLOODHORSE』の記事によれば、ジョッキークラブの行為は「blatant abuse of power」である旨を主張したのですが、これは日本の独占禁止法における「優越的地位の濫用」のようなものでしょうか。同年3月19日付のJAIRSのウェブサイト中の記事「名門3牧場、種付頭数制限ルールに対して提訴（アメリカ）【生産】」にはこのことが翻訳掲載されていますので、参照いただければと思います。

そして、現地での途中の協議状況は知る由もないのですが、2022年に入り、一旦は施行が決定した本施策をジョッキークラブは撤回するという決着に至りました。残念ながら私の当初の予想どおりであり、こんな予想は当たってほしくなどなかったのですが。これの経緯も、『BLOODHORSE』の同年2月23日付の記事の翻訳として、3月23日付のJAIRSのウェブサイト中の記事「種付頭数制限ルール撤回も血統の健全性への懸念は残る（アメリカ）【生産】」に載っています。

持つべき集団遺伝学の知識

「集団遺伝学」とは、その生物集団の遺伝子構成がどのように支配され変遷しているかを研究する遺伝学の一分野であり、遺伝的多様性低下の議論はまさしく集団遺伝学の範疇です。

前記の提訴したケンタッキーの大手ブリーダーは、遺伝的多様性の低下を理由としたジョッキークラブに対して、「科学的証拠がない限りこのような施策はなされるべきではない」と述べている旨が前記の記事に書かれていました。

しかし、先に書いたとおり、遺伝的多様性低下の現象たる「近交弱勢」の様相が一旦でも明確に認められる事態になったなら、つまりそのような「証拠らしきもの」が実際に認識されるようなレベルにまでなってしまったなら、もはや後戻りはできません。「不可逆現象」なのです。生産界全体が“The End”です。

本施策が撤回と決まった直後にSNSを見ていたら、或る競馬関係者の意見に、個々の種牡馬の消耗度合いをチェックしながら頭数制限は個別に判断すべきというようなものがあったのですが、このように種牡馬の過剰使役予防が本施策の目的だといまだに信じ込んでいる意見は論点が完全に外れているわけで、この期に及んで同様の関係者は少なくないのかもしれないと思うと、非常に暗澹《あんたん》たる気持ちになってしまったのです。

このことからも言えることは、種付頭数制限のような方策の決定に影響力のある者、そしてその利害に接する者たちが、「遺伝」に関する造詣を深めない限り、行ったり来たりの論争を今後も繰り返してしまうということです。しかし、そんな論争を延々とやっているのはおかまいなしに、遺伝的多様性の低下は加速度を上げつつあるのです。

なお、前記の記事によれば、このような制限案が他の諸国では施行されていないことから、原告は米国の優良種牡馬が他国に流出してしまうという懸念を示したようですが、これについてはそのとおりでうなずけるものがあり、北米生産界はそのあたりも考慮しながら真摯に方策の再検討をする必要があるでしょう。

そして、このことからも忘れてはならないのは、これは北米だけで解決できる問題ではないということです。つまりこのような施策はグローバルになされねばならないということであり、協調（ハーモナイゼイション）が必要不可欠ということです。

欧州にしても、ご存じのとおり英国のEU離脱問題でも紛糾したように、これを見ても、特に欧州競馬界を牽引する英、愛、仏が一枚岩となって本件に対する何らかの統一方策を迅速に打ち出すなんて想像もできません。20世紀初頭に英国で施行された、祖先のすべてがジェネラルスタッドブックに記録されている馬にさかのぼれなければサラブレッドに非ずとした「ジャージー規則」にしても、これはまさしく英国中心の思考に基づくものでしたし、仮に欧州の一国が今般の米国のような方策案を打ち出したとしても、周囲の国々が追随しなければ何の意味も持ちません。しかし、本章の「Galileo の血に埋没する欧州」にも書いたとおり、欧州が本件の議論を迫られるのは時間の問題でしょう。

この議論の波は日本にもいずれ押し寄せてきます。けれども、少なくとも私レベルでは現時点において、日本国内における本件の真面目な議論の気配がなかなか感じ取れないのです。

なお、私自身は遺伝学者ではないことからも、本章で引用した論文の内容の把握に不十分な点はあるかと思います。よって、これら論文は以下に列挙しておきますので、興味を持たれた方、疑問を抱かれた方は独自に読み込んでいただければ幸いです。仮説の立て方や内容に異論がある方もいて当然であり、もしかしたら別の視点から斬り込んだ、別の結果を報告した論文もあるかもしれません。いずれにしても、本書が前向きな議論の引き金になれば嬉しい限りです。

（※1）Kakoi, H., Kikuchi, M., Tozaki, T., Hirota, K., Nagata, S. (2019) Evaluation of recent changes in genetic variability in Japanese thoroughbred population based on a short tandem repeat parentage panel. *Anim Sci J.* **90**, 151–157. doi:10・1111/asj.13143

（※2）McGivney, B.A., Han, H., Corduff, L.R., Katz, L.M., Tozaki, T., Machugh, D.E., Hill, E.W. (2020) Genomic inbreeding trends, influential sire lines and selection in the global Thoroughbred horse population. *Sci. Rep.* **10**, 466. doi:10・1038/s41598-019-57389-5

（※3）Todd, E.T., Ho, S.Y.W., Thomson, P.C., Ang, R.A., Velie, B.D., Hamilton, N.A. (2018) Founder-specific inbreeding depression affects racing performance in Thoroughbred horses. *Sci. Rep.* **8**, 6167. doi:10・1038/s41598-018-24663-x

（※4）Hill, E.W., Stoffel, M.A., McGivney, B.A., MacHugh, D.E., Pemberton, J.M. (2022) Inbreeding depression and the probability of racing in the Thoroughbred horse. *Proc. R. Soc. B* **289**, 20220487. doi:10・1098/rspb.2022・0487

第4章

母性遺伝

母性遺伝をするミトコンドリアの遺伝子

細胞の中には、19ページの図1－2のとおり「ミトコンドリア」という小器官がありま す。奇妙にも聴こえうるこの単語の独特の響きは、一度は学校の授業で聴いたものと思い ます。

われわれは「呼吸」をしていますが、取り込んだ酸素を用いて有機物を無機物まで分解することにより、体内でエネルギーの分配を行う物質（「エネルギーの通貨」という喩えがよく使われます）であるアデノシン三リン酸（通称「ＡＴＰ」）を合成しています。この合成を行っている場所こそ、おのおのの細胞内に鎮座するミトコンドリアなのです。

細胞において通常の遺伝子は核の中のＤＮＡに存在しますが、ミトコンドリアも独自のＤＮＡを持ち、そこには少数ながらも遺伝子が確かに存在するのです。このことから、ミトコンドリアは元来は別の生物であり、約20億年前、より大きな生物である「細胞」がミトコンドリアの祖先の生物を取り込んでしまったものと考えられています。

このミトコンドリアのＤＮＡ（遺伝子）は母親からのみ授かります。これを母性遺伝（母系遺伝）と言います。

じつは、精子にもミトコンドリアはあるのですが、精子のミトコンドリアは受精後に特別な作用を受けて分解され、消滅してしまうのです。以前読んだ文献では、精子は卵子に向かって泳いでゆく際、その鞭毛《べんもう》が激しく運動するために疲れ果ててミトコンドリアのDNAはかなりの損傷を受けており、これをそのまま受精卵が保有したら健康な子孫をもうけることができないので、精子側ミトコンドリアのみ敢えて排除してしまう「自然の摂理」である旨が書かれていたのですが、最新の研究ではもっと詳細なメカニズムが解明されているかもしれません。

細胞内共生

そして、もうひとつ忘れてはならないことがあり、遺伝子の質というより量の観点に立つと、ミトコンドリア自体の形成や機能維持に関与しているのは、ミトコンドリア自身の遺伝子よりも部外者たる核の遺伝子の方が多いのです。要するに、前述のとおりミトコンドリアの祖先が寄生虫のごとく「細胞」に侵入した後、自らの設計図（＝遺伝子）の一定部分を細胞の核の中に押し込んで、生命活動のややこしい作業は核に押しつけてしまったということなのです。

以上の考えは、1970年代に生物学者のリン・マーギュリスが唱えた「細胞内共生説」

です。当時、この考えはあまりに突拍子もなかったため、生物学界は相手にもしなかったのですが、その後、確たる反証の要素が見当たらず、現在はこの考えが生物学の主流となっています。これらのことからもおわかりのとおり、ミトコンドリア自身の実際の機能発現は、核の中の遺伝子とミトコンドリア自身が持つ遺伝子の「協働」なのです。

1997年封切で、三上博史さんと葉月里緒菜さんが主演した『パラサイト・イヴ』という映画がありました。これは同名で日本ホラー小説大賞を受賞したSF小説が映画化されたものです。著者の瀬名秀明氏は生粋の研究者であり、この小説は、そんなミトコンドリアが独自の息吹を得て、自らの解放を訴えながら核の奴隷化をもくろむというストーリーです。

ところで、『ニュートン別冊　筋肉の科学知識（改訂第3版）』（ニュートンプレス）には、オリンピック選手のミトコンドリアDNAの型を、持久力が重要な競技の選手と瞬発力が重要な競技の選手とに分けて解析したところ、前者においてはG1という型が、後者においてはFという型が一般人における割合より2〜3倍高かった、つまり特徴的な型に偏っていたとありました。核DNAにもいくつもの運動能力に関係する遺伝子があることは忘れてはなりませんが、以下に詳述のとおり、違う種牡馬を相手に複数のGI馬を産む繁殖牝馬があまりに多いことに鑑《かんが》みると、サラブレッド生産における母系の重要性を主張する根拠として、母性遺伝に基づく「ミトコンドリア遺伝子説」が有力な仮説のひとつと言えるのではないでしょうか。本章はこの仮説をベースに話を展開していきます。

進化と退化

「母性遺伝をするミトコンドリアのDNA（遺伝子）」……ということは、同じ母系（牝系）の馬であれば一定の同じ型の遺伝子を保有しているということです。

しかし、ミトコンドリアDNA中の遺伝子の変異速度は、核DNAの遺伝子よりも5～10倍程度高いと言われ、一部文献（『ミトコンドリアが進化を決めた』（ニック・レーン著　斉藤隆央訳　田中雅嗣解説　みすず書房）では20倍近くとさえ書かれています。このことから、例えば、同じファミリーでもその分枝系統ごとに、運動能力に影響する遺伝子においては、個別の変異が入っていることが十分に考えられるのです。

ただ、この考えには注意も必要です。

同じ1号族※でも、活躍馬が多数いる枝葉系統には特別な進化（変異）が働いたのだと思ってしまいそうですが、われわれは「進化」はプラスの結果をもたらす変化のこと、「退化」はマイナスの結果をもたらす変化のこと、とイメージしがちです。

科学的に見ると進化と退化には何ら差はなく、退化という言い方自体が私たちの価値観に基づいている概念にすぎません。私たちが競走馬の能力について論じる際に「この馬には突然変異が入った」と言ったときは、いつもプラスの変化のことを言っているように、です。

実際、生命体における変異（変化、進化）はプラスの現象の方がかえって少ないようです。つまり、優秀な馬を数多く出す牝系には、悪しき変異があまり入らなかったという逆の視点を持つことも必要です。例えば、1号族の或る特定の分枝系統がたくさんの活躍馬を出していたとしましょう。これは、他の1号族はあまり好ましくない変異（敢えて言えば「退化」）がしばしば起こっていたものの、この分枝系統はそれほどではなかったという考え方です。


（※）サラブレッドの牝系（母系）は、その系統ごとに「ファミリーナンバー」と俗に呼ばれる番号が付されています。これは、オーストラリアの血統研究家であったブルース・ロー（ロウ）が根幹牝馬ごとに番号を付して系統を分類したのが始まりです。例えば、1号族とされるサラブレッドの血統書のボトムライン（つまり母系）を延々とさかのぼると、Tregonwell's Natural Barb Mareという牝馬（生年不明。17世紀生まれと推定）にたどりつきます。

女性の長生きとミトコンドリア

前記の『パラサイト・イヴ』の著者である瀬名秀明氏が、同じミトコンドリアの研究者である太田成男氏と一緒に書いた『ミトコンドリアのちから』（新潮文庫）の「第6章　老化とミトコンドリア」には、「女はなぜ男よりも長生きか？」という一節があります。同じ哺乳類であるラットやマウスの場合、よりよい環境を与えるとメスは15％もオスより長生きするとのことですが、これは、オスのミトコンドリアDNAはメスのものに比べ4倍も遺伝子を傷つける「酸化」が起こっているらしく、どうもそれと深い関係があるようなのです。

そして、日本人のミトコンドリアのDNAを調べると、縄文人か弥生人のいずれかの系統に分かれ、或る調査によれば、長寿に関しては縄文系に分があるようで、長寿の双子姉妹で有名だった「きんさんぎんさん」も縄文系に多く見られるDNAの型を持っていたとのことでした。

また、長距離ランナーのミトコンドリアDNAを解析したところ、彼らに比較的多いDNAの特徴（遺伝学で言うところの「塩基配列」）があることがわかり、その特徴は鳥類のものと同じだったとのことです。鳥類の細胞は遺伝子損傷を惹き起こす活性酸素をつくりにくく、長距離ランナーにも相通ずるものがあるのかもしれないとのこと。

梅雨時は、私の地元の駅の軒先にはツバメが多数巣をつくり雛がとてもかわいいのですが、そんな健気な小さな生き物が、休みなく大海原を渡っていくことを考えると、鳥類の細胞が特別な仕様であること、そしてそんな仕様が長距離ランナーにも生まれつき備わっていることも、十分に想像できてくるわけです。

そして、母親からしか授からないミトコンドリアDNAであり、これは、究極のアスリートたる「競走馬」の母系の重要性と深く関連することなのではないでしょうか。

ミトコンドリア・イヴ

皆さんは「ミトコンドリア・イヴ」という言葉を聞いたことがありますか。

1980年代後半、分子生物学の権威であったカリフォルニア大学のアラン・ウィルソン教授らは、世界各地の現代人のミトコンドリアDNAを採取し解析したところ、約20万年前にアフリカにいた一人の女性を母系共通祖先としているという衝撃的な内容を発表しました。つまり、あなたも、私も、世界中のどこの大陸の人たちも、それぞれが自分のお母さん、そのお母さん、そしてそのお母さん……と延々とさかのぼれば、みんなこのアフリカ女性にたどり着くというセンセーショナルな学説がミトコンドリア・イヴです。

先に書いたとおり、ミトコンドリアDNAは核DNAに比べ変異率が非常に高いと言われることからも、その子孫が移り棲んでいった地球上のおのおの大陸や地域で個別の変異が蓄積した結果、個々の型を持つに至りました。このことから、人間に限らず、現代のすべてのサラブレッドの牝系もミトコンドリア・イヴのようにもともとは1頭の牝馬を起源とし、その分枝であるファミリーごとに遺伝子が個別に変異した、ということもあるのかもしれません。

牝馬はY染色体を持たない

相変わらずサイヤーライン（父系）の重要性を唱える論説が少なくありません。けれども、そのような論説を展開するには、まず「父性遺伝」の有意性を示さねばならないのは言わずもがなです。

人間や馬といった哺乳類の性を決定するのは性染色体であり、オス（男、牡、雄）はXY、メス（女、牝、雌）はXXであることはご存じのとおりです。

ところで、X染色体には生体の機能をつかさどる有用なかなりの数の遺伝子が存在する一方で、Y染色体には性を決定する遺伝子以外にあまり有用な遺伝子はないというのが現在の生物学の定説です。したがって、X染色体を2本持つメスと1本しか持たないオスとでは、身体をつくり上げる有用遺伝子の数に差が出てしまうのですが、なんとメスの生体においては、片方のX染色体上の遺伝子の働きは抑制されて、性差間に不均衡がないように調整されているのです。これは生物学で言う「X染色体不活性化」であり、いまでは高校の生物の教科書にも載っている深遠な生命現象です。

以上のような状況下ながらも父系の重要性を説く場合、父方から授かるY染色体に拠り所を見出すくらいしかありませんので、Y染色体には競走能力に有意に働く遺伝子があるととりあえず仮定してみましょう。しかし、ここで忘れてはならないのは、牝馬はY染色体を持たないということです。ブエナビスタ、ジェンティルドンナ、リスグラシュー、アーモンドアイといった年度代表馬にも輝いた名牝ながら、偉大な種牡馬とされるそれぞれの父親のY染色体に載る遺伝子は何ひとつ授かっていません。つまりこの時点で、父系重要理論は破綻をきたしてしまうわけです。

それでも、私がそのような理論を苦し紛れにでもフォローして差し上げるのであれば、第1章の「メンデルの法則の例外」で触れた「ゲノムインプリンティング」の話を持ち出すかもしれません。けれどもやはり、父系の重要性の説明にこの話を持ち出すのは、究極のこじつけにすぎません。もしも、ゲノムインプリンティングにより父方から授かる遺伝子にだけ競走能力を有意に引き出す作用が生まれると誰かが唱えたとしても、逆に、母系を重視する者が「母系の重要性こそゲノムインプリンティングと密接な関係がある」と反論してきたなら、単にお互いの浅薄な主張をぶつけ合って終わりです。

いま一度考えてみていただきたいのですが、「優秀産駒を多数出す種牡馬は、その父の父から流れる優良遺伝子を産駒に授けているからだ」という考え方を多少なりとも支持するのであれば、なぜその種牡馬は優秀な牝馬も出すのでしょう。つまり、名種牡馬から牡馬・牝馬を問わずに優秀馬が多数出ることは、とりもなおさずY染色体上の遺伝子によるものではないということ、言い換えれば、父の父の父から受け継いだ遺伝子にもっぱら依拠するものではないということを意味します。

WOWOWプライムのドキュメンタリー番組「ノンフィクションW」で2012年に放

送された『奇跡の血統を求めて ～近代競馬の光と影～』で、社台ファーム代表の吉田照哉氏は「サンデーサイレンスはその仔たちが種牡馬になってもまた成功している。あり得ない。奇跡だ」という旨を話されていましたが、父系にこだわる論者は、これこそ父系の威力だと言うかもしれません。

しかしこれは、サンデーサイレンスという「個体」が持つ威力であって、そこに父系の意義を見出そうとすることにはまったくの無理があります。Ｙ染色体を持たない牝馬たるブエナビスタ、ジェンティルドンナ、リスグラシューですが、それでもその活躍は、父方の祖父にサンデーサイレンスを持つからだとでも言うのでしょうか。

あらためて、サンデーサイレンスのすごさはその「個体」のすごさであって、彼の父方祖先（サイヤーライン）から流れてきた遺伝子も含め、彼自身が保有した遺伝子群を有意に産駒に授けたことによるのが彼の種牡馬としての大成功の要因と考えるのが筋です。

つまり、「父」と「父系」とは区別して考える必要があるという理由がここにあります。サンデーの孫は彼の核ＤＮＡの遺伝子を依然25％ほど持つわけであり、吉田照哉氏が言った「奇跡」も、サンデーが特異的に持つ競走能力に有意に働く遺伝子は潜性なものより顕性なものが多く、孫の代になってもその形質が表面に現れやすいと考えるのが自然なのではないでしょうか。アーモンドアイを例にすれば、その母の父として重厚な存在感を示していることもその証左のような気がします。よって、牝馬限定のレースで、父系に言及した予想をしているようなトラックマンや評論家には、今後はちょっと気をつけた方がいいかもしれません。

ここでもうひとつ非常に重要なことがあります。メスは父性遺伝をするY染色体を持たない一方で、オスは母性遺伝をするミトコンドリアの遺伝子を持つのです。このことからも、血統（配合）を科学的に論じる上で、「父系」と「母系」の重みの埋めがたい差はご理解いただけると思います。

23ページで触れたノーベル生理学・医学賞の受賞者である本庶佑先生の著書『ゲノムが語る生命像』の中でもミトコンドリアの母性遺伝が言及され、「遺伝学的には、女性のほうが強い影響力を持つと言えるであろう」とありました。

父系重要説の信憑性

繰り返しますが、サイヤーライン（父系）の意義を唱える血統論が依然散見されます。「日本の競馬はサンデーサイレンスの父系の馬が活躍している」と言った場合、これは間違いではありませんが、このようなことを唱える論者に耳を傾ける者はもはやいないでしょう。言わずもがなですが、日本の競馬場で走っている馬の多くは父系がサンデーサイレンス系であるからで、「男子校には男子がたくさんいます」と真顔で力説するようなものだからです。

繁殖牝馬に比べてはるかに数が少ない種牡馬なので、血統に興味を持ち始めた者において、父系が重要であることを説く理論は簡便かつ安直に受け入れられてしまう部分があります。特に、なりたてのファンがまず目にする出馬表には同じ名前の馬を父に持つ馬がたくさんおり、そこに興味を持つのはごく自然なことで、われわれの身の周りでは一夫多妻のファミリーなどほとんど（まったく？）見ないことからも、そこにエンタメの世界たる競馬という「非日常」に対する好奇心を増幅させてしまうのかもしれません。

サンデーサイレンスのような種牡馬を例として、サラブレッドの能力の科学的探究や配合の検討において、「父」を論ずる意義はおおいにあります。その一方で、「父系」を論ずる意義は前述のとおり稀薄です。

それでもなお、父系の重要性を主張する方々の拠り所として、「牡馬産駒の選抜強度」や「後継種牡馬としての選択圧」のような言葉も耳にすることがあります。つまり、その種牡馬のすぐれた特徴を持った牡の産駒を綿密に選別した結果、すぐれた後継種牡馬が得られ、またその次の代も然り……というのがその理屈です。

しかしです、それがそのとおりだったとしても、せいぜいその意義は、核DNAの遺伝子の25％を継承する孫の代あたりまでではないでしょうか。それ以上の曽孫の代以降もその父系に意義があると言うのであれば、何らかの父性遺伝の因子があるということになると思うのですが、その理屈が破綻してしまう旨は先に書いたとおりですし、例えばアーモンドアイは母の父たるサンデーサイレンスの特長がよく出ていると思ったならば、その時点で「父系」という概念はぬぐい去るに値するかもしれないのです。

素晴らしき芦毛種牡馬がいたとします。そして、その種牡馬が持つ競走能力に有意に働く遺伝子と芦毛遺伝子は同じ染色体に載っていたとしましょう。そうすると、この種牡馬から得られた牡の産駒のうち芦毛のものから有能な後継種牡馬が選抜されうるということになります。つまりこの「芦毛→芦毛→芦毛」と続くサイヤーライン上からは有能な種牡馬がたくさん出るということになりますが、そんな単純な話に落とし込めるものではありません。前述の「牡馬産駒の選抜強度」も「後継種牡馬としての選択圧」もこれと同様の話です。

種牡馬Aの特長が強く出た後継種牡馬Bがいました。Bの特長が強く出た後継種牡馬Cがいました。もしかしたら、そのBの特長は表面上はAに近くとも内面はその母の特長を多くもらっていたかもしれません。もしかしたら、そのCの特長は表面上はBに近くとも内面はその母（さらにはBの母）の特長を多くもらっていたかもしれません。

例として、素晴らしき種牡馬たるサンデーサイレンスと、その名声を高めた後継種牡馬たるディープインパクトを比較しながら、その母ウインドインハーヘアを思い浮かべてみていただければと思いますし、さらには、コントレイルをはじめとするディープインパクトの優秀牡馬産駒のそれぞれの個性にも、それぞれの母の存在を認識しながら目をやってみてください。

複数のGI馬を産む繁殖牝馬

私は今世紀生まれの世界のGI勝馬を網羅した母系樹形図を作成しています。これをあらためて眺めてみると、いかに複数のGI馬を産む牝馬が多いことか。繁殖牝馬が生涯に仔を産める数はせいぜい10数頭です。しかし、超一流種牡馬に、究極のセレクションとして超名牝を10数頭ほど集めてきて種付けをしても、その中から複数のGI馬が出るとはなかなか想像できません。

本稿を執筆しながら2022年末までのGⅠを勝った馬の樹形図への加筆を完了したのですが、今世紀生まれのこれらGⅠ馬の総数は約5000頭です。そして、複数のGⅠ馬を産んだ牝馬を数えてみると312頭おり、その中でも3頭産んだ牝馬は25頭、さらに4頭産んだ牝馬も3頭いるのには驚愕します。

私の樹形図は今世紀生まれのGⅠ馬が加筆対象なので、前記の3頭には含んでいませんが、凱旋門賞馬のUrban Seaも4頭のGⅠ馬を産んでいます。GalileoとBlack Sam Bellamyの父はSadler's Wells、My Typhoonの父はGiant's Causeway、Sea The Starsの父はCape Crossであり、他にもGⅢ勝馬のUrban Ocean（父Bering）、愛オークス2着および英オークス3着のMelikah（父ラムタラ）などがいます。

違う種牡馬を相手に複数の活躍馬を産む牝馬の多さ

Urban Seaを究極の筆頭に、違う種牡馬を相手に複数の活躍馬を産む牝馬の多さにも驚かされます。

1928年（昭和3年）に小岩井農場がイギリスから輸入した繁殖牝馬フリッパンシー

は、帝室御賞典（のちの天皇賞）を勝ち種牡馬として活躍馬を多数出した大鵬（父シアンモア）、日本競馬史に名を刻む初代三冠馬のセントライト（父ダイオライト）、帝室御賞典馬のクリヒカリ（旧名アルバイト、父シアンモア）、そして皐月賞や菊花賞に勝ちレイパパレなどにもその血が流れるトサミドリ（父プリメロ）などを産みました。交配される種牡馬を問わず何頭もの名馬を産んだ偉大なる名牝です。

そして、偉大な「異父きょうだい」で思い出すのは、パシフィカスが産んだビワハヤヒデ（父シャルード）とナリタブライアン（父ブライアンズタイム）、そして、キャットクイルが産んだファレノプシス（父ブライアンズタイム）とキズナ（父ディープインパクト）。さらに、そのパシフィカス（父Northern Dancer）とキャットクイル（父Storm Cat）は、ともに母がデラウェアオークス馬のPacific Princessである半姉妹ということには、何かを感じざるを得ません。

ハルーワスウィートはディープインパクトを相手にヴィルシーナ、ヴィブロスという2頭のGI馬を産みましたが、ハーツクライ相手にもシュヴァルグランというGI馬を産みました。プリンセスオリビアはディープインパクトを相手にトーセンラー、スピルバーグという2頭のGI馬を産みましたが、輸入前には米国でDistorted Humorを相手に、種牡馬としても名を馳せたＧＩ馬たるFlower Alleyを残してきました。

樹形図中において、複数のＧＩ馬を産んだ牝馬の総数は３１２頭と書きました。ここで特筆したいのは、これら牝馬のうち、じつに２４１頭（77％）は違う種牡馬を相手に複数のＧＩ馬を産んでいるのです。繰り返しで恐縮ですが、１頭の繁殖牝馬が生涯に産める総数はせいぜい10余りです。よって、同じ種牡馬を相手に複数のＧＩ馬を産むことだけでも半ば信じ難いことなのですが、この数字はいったい何を意味するのでしょうか。

シーザリオはすべて違う種牡馬を相手に3頭のＧＩ馬、つまり、エピファネイア（父シンボリクリスエス）、リオンディーズ（父キングカメハメハ）、サートゥルナーリア（父ロードカナロア）を産みました。そして、先に書いた3頭以上のＧＩ馬を産んだ牝馬には、シーザリオと同様にすべて違う種牡馬を相手に3頭のＧＩ馬を産んだ牝馬が何頭もいるのです。

他方、4頭のＧＩ馬を産んだ牝馬は3頭いると書きましたが、２０２１年の仏オークス（ディアヌ賞）を勝ったJoan of Arcを出し4頭のＧＩ馬の母となったYou'resothrillingの場合は、１０１ページに書いたとおり、4頭の父はすべて同じGalileoであることから、これら優秀産駒はもっぱらGalileoのお蔭と言われてしまうのがしばしばではないでしょうか。

オリエンタルアートが同じステイゴールドを相手にドリームジャーニーとオルフェーヴ

ルを、ドバイマジェスティが同じディープインパクトを相手にアルアインとシャフリヤールを産んだことは、確かにその血の相性が良かったのかもしれません。しかし、前述のように違う種牡馬を相手にも複数のGI馬を産んだ牝馬の数があまりに多いという事実から、その牝馬自身のポテンシャルが高ければ、優秀な仔を産むのには交配種牡馬をわれわれが思う以上に選ばないというのが実際なのかもしれません。

特定の牝系から多く出る活躍馬

あらためて樹形図全体を眺めてみると、一部の系統からはたくさんのGI馬が出ているように見受けます。つまり、世界のサラブレッドの牝系の繁栄には、そこそこのバイアスがかかっていることが推察できるのです。いくつか挙げてみましょう。

私の樹形図では、今世紀生まれのGI馬に下線を付し、違う種牡馬を相手に複数のGI馬を産んだ牝馬を太字にしています。特に繁栄を示している系統は垂直方向に伸びるレイアウトになるのですが、まず**図4-1**は、自身はGIを10勝した名牝中の名

Miesque 鹿 1984
- East of the Moon 黒 1991
  - **Alpha Lupi 鹿 2004**
    - Alpha Centauri 芦 2015 (IRE) f
    - Alpine Star 栗 2017 (IRE) f
    - Discoveries 鹿 2019 (IRE) f
- ムーンイズアップ Moon is Up 鹿 1993
  - サンイズアップ Sun Is Up 青鹿 1998
    - Karakontie 鹿 2011 (JPN) c
  - アマーニ Amanee 鹿 2008 (AUS) f
- Monevassia 鹿 1994
  - Rumplestiltskin 鹿 2003 (IRE) f
    - Tapestry 鹿 2011 (IRE) f
  - ラヴズオンリーミー Loves Only Me 鹿 2006
    - リアルスティール Real Steel 鹿 2012 (JPN) c
    - ラヴズオンリーユー Loves Only You 鹿 2016 (JPN) f
- セカンドハピネス Second Happiness 鹿 2002
  - Study of Man 鹿 2015 (IRE) c

図4-1　Miesqueの系統

牝であるMiesqueの系統です。その初仔のKingmambo（キングカメハメハの父）は前世紀生まれなので掲載していませんが、それを含まなくともご覧のとおりです。3頭のＧＩ馬を産んだAlpha Lupi、仏2000ギニー（プール・デッセ・デ・プーラン）やブリーダーズカップマイルの勝馬Karakontie、ドバイターフ勝馬のリアルスティールと日本のオークスやブリーダーズカップフィリー&メアターフ等のＧＩを4勝したラヴズオンリーユーの全きょうだい、仏ダービー（ジョッケクルブ賞）勝馬のStudy of Manなどがいます。

次に**図4-2**は、アーモンドアイなどを出したBest in Showを母系の祖とする系統です。ご覧のようにもはや満員御礼で、敢えて説明は不要でしょう（アーモンドアイの母フサイチパンドラはエリザベス女王杯の勝馬ですが、国際格付前のＧＩなので下線は付していません）。

ドイツの血筋

ところで、ドイツでは、名前の頭文字は母親と同じにするルールがあることをご存じでしょうか。身近な例では、エイシンフラッシュやワールドプレミアの母系がそうであり、それぞれの血統表をご覧いただければわかると思いますが、そのボトムラインには同じ頭文字の馬が並んでいます。

- Best in Show 栗 1965
  - Sex Appeal 栗 1970
    - ★(8-f-4-1)
  - Minnie Hauk 鹿 1975
    - Aviance 栗 1982
      - Imperfect Circle 黒 1988
        - **Visions of Clarity 鹿 2000**
          - Pathfork 鹿 2008 (USA) c
          - War of Will 鹿 2016 (USA) c
      - Remote Romance 栗 1997
        - Sabia 鹿 2002
          - Lizzie l'Amour 鹿 2012 (NZ) f
        - Saddex 鹿 2003 (GB) c
  - Show Lady 鹿 1976
    - Dancing Show 鹿 1983
      - Shantha's Choice 鹿 1992
        - Manhattan Rain 鹿 2006 (AUS) c
        - The Broken Shore 栗 2009
          - Shoals 鹿 2014 (AUS) f
      - Show Dancing 鹿 1993
        - Al Maher 鹿 2001 (AUS) c
      - Twyla 鹿 1995
        - Celebria 鹿 2001
          - Gathering 鹿 2006 (AUS) g
          - Florentina 鹿 2008
            - In Italian 栗 2018 (GB) f
    - Ladies' Day 黒 1990
      - He's No Pie Eater 黒 2003 (AUS) c
  - Monroe 鹿 1977
    - Didicoy 鹿 1986
      - Didina 栗 1992
        - Tantina 栗 2000
          - Scuffle 芦 2005
            - Logician 芦 2016 (GB) c
          - Cityscape 栗 2006 (GB) c
    - Diese 黒 1989
      - Seatone 栗 2008
        - Prosperous Voyage 鹿 2019 (IRE) f
    - Silver Star 鹿 1996
      - Rising Tornado 鹿 2005
        - Close Hatches 黒 2010 (USA) f
      - Bird Flown 鹿 2011
        - シスキン Siskin 鹿 2017 (USA) c
  - Blush with Pride 栗 1979
    - **Better Than Honour 鹿 1996**
      - Teeming 鹿 2001
        - Streaming 鹿 2011 (USA) f
      - Jazil 鹿 2003 (USA) c
      - Rags to Riches 栗 2004 (USA) f
    - Maryinsky 鹿 1999
      - ピーピングフォーン Peeping Fawn 鹿 2004 (USA) f
      - Thewayyouare 鹿 2005 (USA) c
    - Butterfly Blue 鹿 2000
      - Lacadena 鹿 2005
        - パリスビキニ Paris Bikini 黒 2012
          - Paris Lights 鹿 2017 (USA) f
  - Nijinsky's Best 栗 1983
    - ジェイドアイランド Jade Island 栗 1999
      - Motivation 栗 2009
        - Rockemperor 鹿 2016 (IRE) c
  - Perfect Isn't Easy 栗 1987
    - Perfect Pear 栗 1997
      - What a Pear 栗 2006
        - Effinex 黒 2011 (USA) c

★(8-f-4-1)

- Solar 栗 1976
  - Solariat 栗 1980
    - Angelina Ballerina 栗 1985
      - Apamea 栗 2003
        - Takedown 黒 2012 (AUS) g
    - Margot 栗 1991
      - Queen Mambo 鹿 1995
        - Queen Tango 栗 2000
          - Que Vida Buena 鹿 2005 (ARG) c
          - Que Clase 黒 2008
            - Limited Edition 鹿 2019 (BRZ) f
- ノーザンプランサー Northern Prancer 鹿 1980
  - Tijuana Tango 栗 1993
    - Jarama 栗 2000
      - Chinchon 鹿 2005 (IRE) c
- Golden Oriole 栗 1983
  - Dance Fever 黒 2002
    - Estrela Monarchos 芦 2010 (USA) f
- Bella Senora 鹿 1984
  - Napoli 鹿 1991
    - フォレストレイン Forest Rain 鹿 1997
      - Freedonia 鹿 2002
        - Albigna 栗 2017 (IRE) f
- ロッタレース Lotta Lace 栗 1992
  - フサイチパンドラ Fusaichi Pandora 栗 2003
    - アーモンドアイ Almond Eye 鹿 2015 (JPN) f

図4-2 Best in Showの系統

★(16-c-1-1)
Schwarze Kutte 鹿 1920
Schwarzliesel 鹿 1931
Schwarzgold 鹿 1937
Schwarzblaurot 鹿 1947
Scheherezade 青 1952
Schonbrunn 鹿 1966
Southern Seas 黒 1975
Sea Symphony 鹿 1980
Suivez 鹿 1990
Suivi 黒 1999
Sunny Queen 鹿 2017 (GER) f
Soignee 黒 2002
スタセリタ Stacelita 青鹿 2006 (FR) f
サザンスターズ Southern Stars 鹿 2013
スターズオンアース Stars on Earth 黒 2019 (JPN) f
ソウルスターリング Soul Stirring 青鹿 2014 (JPN) f
Supergirl 鹿 1994
Super Lina 芦 2001
Super Pie 栗 2008
Olmedo 鹿 2015 (FR) c
Suleika 黒 1954
Senitza 鹿 1963
Salesiana 鹿 1973
Saite 鹿 1978
Salde 鹿 1992
Saldenehre 芦 2000
セリエンホルデ Serienholde 鹿 2013 (GER) f
シュネルマイスター Schnell Meister 鹿 2018 (GER) c
Saldentigerin 鹿 2001
サロミナ Salomina 鹿 2009 (GER) f
サリオス Salios 栗 2017 (JPN) c
Salonrolle 鹿 1993
Salonblue 鹿 1998
Saloon Rum 鹿 2004
Saloon Sold 鹿 2014
Sammarco 鹿 2019 (IRE) c
Sayonara 鹿 1965
Sandy Island 鹿 1981
Subterfuge 黒 1993
Sequin 鹿 1997
Subsequent 鹿 2008
Summer Passage 鹿 2014 (AUS) c
Spa 鹿 1995
Spasha 鹿 2008
Hello Youmzain 鹿 2016 (FR) c
Santa Luciana 黒 1973
アグサン Aghsan 青 1985
ビワハイジ Biwa Heidi 青鹿 1993
ブエナビスタ Buena Vista 黒 2006 (JPN) f
ジョワドヴィーヴル Joie de Vivre 鹿 2009 (JPN) f
Sabrina 黒 1955
Shura 黒 1962
Shantou 鹿 1973
Shona 鹿 1986
Scota 鹿 1999
Sanagas 黒 2006 (GER) g
Sevgi 鹿 2000
Saratina 栗 2005
Sirius 栗 2011 (GER) c
Schalmai 鹿 1988
Simply Red 栗 1997
Sommermarchen 鹿 2006
Sommerlied 鹿 2013 (SAF) f

図 4－3　16-c 族

最近特筆に値する例では、**図4-3**の系統。16-c族内のこの部分の牝系では、ご覧のようにソウルスターリング、スターズオンアース、シュネルマイスター、サリオスなどが出ており、日本で血統登録を受けた馬も頭文字を「S」にしたことには気概を感じます。

そして、欧州の血統地図を塗り替えつつあるGalileoもドイツの血筋であり、母Urban Seaより前の母系祖先の頭文字は「A」がずらりと並びます。

たかが命名のルールかもしれませんが、しかしドイツ生産界のこのようなこだわりは、牝系が持つ意義、そしてそこに宿った確かな能力が受け継がれていくことに、近代競馬の黎明期からすでに気づいていたことを示すのではないでしょうか。

ジャパンカップの創設当時の１９８０年代から90年代、欧州ではやはり英、愛、仏に比べ、ドイツの馬はランクがひとつ下がる印象がありました。当時（１９９４年）、知り合いのKLMオランダ航空の乗務員が、「去年の秋のアムステルダム行きで貨物室を覗くと、※日本に遠征してきてドイツに帰る馬がいて、かわいかった！」と言っていたのですが、まさしくその馬は、エイシンフラッシュの母の父でもある１９９３年のジャパンカップに出走したPlatini（プラティニ）です。そのとき私は、「ドイツの馬はヨーロッパの馬でもレベルがちょっと下がるんだけど、その馬は4着に頑張ったんだよ」と返答したのですが、それから間もない1995年のジャパンカップはLando（ランド）が制し、ドイツ馬が見直されるきっかけにもなったような気がします。

（※）当時のKLMの成田〜アムステルダム便は、ボーイング747（ジャンボ機）の貨客コンビ型を使用。

依然として欧州においてはドイツ馬の活躍に派手さはありませんし、血統表を眺めても地味な印象を受ける馬は少なくないのですが、かえってそこに派手なブランド血統に依拠することのないドイツの生産界の矜持を感じるのです。IFHA（国際競馬統括機関連盟）のウェブサイト内の「Annual Report 2019」（https://www.ifhaonline.org/resources/Annual_Report_2019.pdf）にある2019年の生産頭数は、日本が7368、ドイツが724とのことで、ドイツは日本の約10分の1です。この総数では、ドイツの主要な生産者が他の諸国の派手な血統に洗脳されてしまえば、世紀を超えて育んできた血筋が一気に消えてしまったことでしょう。血統表のボトムラインに同じ頭文字が並ぶ名馬たちは、そのようなドイツ特有の「頑固さ」の賜物なのです。

確かに競馬の歴史が浅い日本は、積極的に海外の名血を導入する必要があったわけで、一概にドイツを見習えとは言えないでしょう。しかし、その時点々々における血筋の嗜好によって、各馬の表面上の価値が容易に左右されてしまうことによる特定の血への過剰なまでの偏りが、近年の日本は顕著であることに疑う余地はありません。近年のセレクトセールに上場された各馬の血統やその落札状況からも、そのことがよくわかります。

重ね重ねで恐縮ですが、そのような嗜好および価値観に基づく「血の偏り」は、生産界全体の遺伝的な健常性を静かに、そして誰しもが気づかないうちに、侵蝕しているわけです。これこそ前章に書いた「サイレントキラー」です。

ふと思ってしまうのです。Galileo の爆発的な成功は、第7章の「仮説(その2)……名牝を母に持つ名種牡馬」に書いたこととも関連しますが、その母方のドイツの血筋に流れる遺伝子と密接に関連し、それはまた、同じく第7章の「仮説(その5)……隠し味のような血の意義」に書いたようなものではないかと。

しかしその一方で今度は、Galileo 自身が欧州ブランドの権化《ごんげ》となってしまったわけで、そのために遺伝的多様性低下を惹起しつつあるという現実は、あまりに皮肉なことです。

日本もそんな隠し味を出す素材や、それを活かす料理人の存在を見失いつつあるのかもしれませんね。ミシュランが気づきもしない小料理屋でも、そんな素材の活かし方を知り尽くし美食家を唸らす逸品を出すところはいくらでもあるでしょう。

けれども、三ツ星レストランにしか目が行かない「美食家もどき」はそのような料理屋には見向きもしません。生産側も購買側も、日本の生産の将来の在り方を一歩さがって広い視野でいま一度考えてみる必要があるのではないかと、近年のセレクトセールで繰り広げられたシーンを回顧しながら、そしてドイツの血筋を想い浮かべながら、あらためて思ってしまったわけです。

ちなみに、Platiniが来た1993年のジャパンカップには、Galileoの母のUrban Seaも出走していました。何かこれもドラマですね。

ディープインパクト産駒のGI馬の母系

長い間、日本のリーディングサイヤーとして不動の地位を築いたディープインパクト。晩年の種付料は4000万円まで高騰し、その血はいまでも世界の注目の的です。先日目にした雑誌の記事では、その産駒のすべての世代から国内外で活躍馬が多数出ており、父サンデーサイレンスを超えたのではないかというようなことが書かれていました。しかし、叩き上げで登りつめた名種牡馬とは違い、当初から超一流の繁殖牝馬をあてがったうえでのリーディングの座ですから、この馬の種牡馬としての実力はどうだったのかと私はいまでもかなり懐疑的です。

ディープインパクト産駒のGⅠ（JpnⅠを除く）を勝った馬は2022年末現在58頭いるのですが、近親にはどれだけのGⅠ馬がいるのかを**図4-4**のとおり一覧にしてみました。〇がGⅠ馬です。なお、これら近親が勝ったGⅠは国際格付前のものも含みます。

じつに〇が多いと思いませんか。これらの〇がついた馬でも、「母」が〇であるものが俗に言う「良血」の度合いは群を抜いており、次に「祖母」そして「きょうだい」ということになりますでしょうか。つまり、単にこの表において〇の数が同じ馬は同じ良血度合いというわけではないのですが、このように一覧化して眺めてみると、浮き彫りになって見えてくるものがあります。

母か祖母が〇の馬は、58頭中25頭（43％）であり、つまり父ディープのGⅠ馬の4割超が母方直系近親にGⅠ馬がいるということです。これに、きょうだいにGⅠ馬がいる馬も加えると39頭（67％）、いずれかに〇がついているものまで含めると49頭（84％）にものぼります。

〇がない馬でも、近親の範囲をもう少し広くしたり、GⅡやGⅢ勝ちの近親馬もピック

ディープインパクト産駒のGI馬		母	祖 母	きょうだい	おじおば おいめい	いとこ
2008年生	ダノンシャーク					
	トーセンラー			○○		
	マルセリーナ	○				
	リアルインパクト			○	○	
2009年生	ヴィルシーナ			○○		
	ジェンティルドンナ	○				○
	ジョワドヴィーヴル	○		○		
	スピルバーグ			○○		
	ディープブリランテ					
	Beauty Parlour				○	○
2010年生	アユサン		○			
	キズナ		○	○		○○
	ラキシス			○		○
2011年生	エイシンヒカリ				○	
	サトノアラジン			○		○
	ショウナンパンドラ				○	
	トーセンスターダム				○	
	ハープスター		○		○○	
	マリアライト			○		
	ミッキーアイル					○
2012年生	ショウナンアデラ		○			
	ダノンプラチナ		○			
	ミッキークイーン					
	リアルスティール			○	○	○
2013年生	ヴィブロス			○○		
	サトノダイヤモンド	○			○	
	ジュールポレール			○		
	シンハライト	○				
	ディーマジェスティ					○○
	マカヒキ		○			
2014年生	アルアイン	○		○		
	サトノアレス					
	Fierce Impact			○		
2015年生	グローリーヴェイズ					
	ケイアイノーテック			○		
	ダノンプレミアム					
	フィエールマン	○				
	ワグネリアン					
	Saxon Warrior	○				
	Study of Man		○		○○	○○
2016年生	グランアレグリア	○				
	ダノンキングリー		○		○	
	ダノンファンタジー	○				
	ラヴズオンリーユー			○	○	○
	ロジャーバローズ				○	○
	ワールドプレミア				○	
2017年生	コントレイル		○			
	ポタジェ	○				○
	レイパパレ					
	Fancy Blue				○	
2018年生	アカイトリノムスメ	○				
	シャフリヤール	○		○		
	Glint of Hope				○	
	Profondo					
	Snowfall		○		○	
2019年生	アスクビクターモア			○		○
	キラーアビリティ	○				
2020年生	Auguste Rodin	○	○		○	

図4-4　ディープインパクト産駒の GI 勝利馬

アップすれば、上記各馬のほぼすべては、俗に言う「良血」の範疇と言えるのではないでしょうか。

グランアレグリアが勝った2019年の桜花賞には5頭のディープ産駒が出走しましたが、この馬を含めて4頭の母は輸入GI馬でした。例えばPOG（ペーパーオーナーゲーム）をやっている方で気づいている方は多いと思いますが、いかにディープ産駒に輸入GI馬を母に持つ馬が多いことか。ちょうど本書の最終稿を確認している時、シンザン記念をディープ産駒の最終世代たるライトクオンタムが勝ちましたが、その母イルミナントは米GIゲイムリーステークスの勝馬です。

巨大な自転車操業

2022年6月16日付のJAIRSのウェブサイト中の「日本はいかにして競馬大国になったのか（日本）（1）［生産］」と題された記事では、ダーレー・ジャパンの代表取締役ハリー・スウィーニィ氏が、「日本の有力生産者の力量と生産馬の質の高さは誇張してもしすぎることはありません。社台は全体でおよそ1800頭の繁殖牝馬を抱えており、そのうち250頭が自らGI馬か、あるいはGI馬の母です」と語っています。さらにこの記事には、「1989年以降、吉田ファミリーは繁殖牝馬のために米国のセリだけで2億ドルを投じている。これらの繁殖牝馬は、輸入されてきた種牡馬と同程度か、もしくはそれ以上に、あらゆる点で日本のサラブレッド生産を変化させるのに貢献している」とあります。

日本軽種馬協会の月刊機関誌『JBBA NEWS』には直近の輸出入馬のリストが掲載されており、私は、そのリストの輸入繁殖牝馬の中にどれだけGI馬がいるかをチェックしています。少し前のデータになりますが、2018年および2019年に輸入されたGI牝馬総数は以下のとおりで、おのおの25頭でした。なお、このリストには「飼養予定地」が付記されており、これら25頭の概要は以下のとおりです。

〈2018年〉

千歳市：9

安平町：10

その他：6

〈2019年〉

千歳市：4
安平町：16
その他：5

千歳市は社台ファーム、安平町はノーザンファーム（一部は追分ファーム？）でしょう。あらためてわかるとおり、日本にいる海外GⅠを勝った名牝の大半は社台グループが所有しているということであり、これ以外にGⅡ馬やGⅢ馬を含めて活発な輸入を現在も継続しているということです。これを見て、「相変わらず社台は攻めの姿勢だな」と思う方もいるかもしれませんが、果たして、これは「攻め」なのでしょうか。

私は前記のような状況は、社台グループの究極の「守り」だと思っています。つまり、社台グループは、とりもなおさず名牝を積極的に輸入し続けなければ、その屋台骨が維持できなくなることを意味しているように見受けるのです。

ここで社台SSにおける種牡馬ビジネスに目を向けてみましょう。このビジネスがいまのところ成功裡に推移している（ように見える）のは、配合相手たる有能な牝馬が産み出す産駒の活躍の部分が少なくなく、言い換えれば、名牝による種牡馬ブランドの底上げがあってのものではないでしょうか。

海外から種牡馬を輸入の際は、その購買価格はどのくらいなのかと思ってしまうことがあります。しかし、社台グループが繁殖牝馬を輸入する投資額は、前述のとおりそれをはるかに上回っているはずであり、彼らは繁殖牝馬こそが自らのビジネス維持の生命線であることを十分に認識しているのです。

私には、どうしてもこのような状況が「巨大な自転車操業」に見えてしまいます。「攻撃は最大の防御」とも言いますが、社台グループはここまでやらなければ現状を守り切れないのかもしれません。巨大化した自転車を一生懸命に漕いではきたものの、その乗り手の息がとうとう切れてしまってバタンと倒れてしまったら、その大きさゆえにそう簡単には起こし上げられず、万事休すとなりはしないか。つまり、そんなビッグな自転車を漕ぎ続ける「守り」を、いっときも絶やすことはできない悲愴感さえ漂っているような気がしてなりません。

参考までに、モーリスの種牡馬としての初年度に社台グループが用意した交配相手もすごかったです。シーザリオ、ブルーメンブラット、リトルアマポーラ、レジネッタ、ブエナビスタ、マルセリーナ、ヴィルシーナ、ジェンティルドンナ、ハープスター、レッドリヴェール、シンハライト……。産駒の出来具合が未知数の初年度から、このメンバーは本当にすごい。デビューにこぎつけた産駒が総じて期待を裏切る結果だったら、当然のことながら種牡馬としての将来の評価に大きく影響します。ちなみにモーリス産駒では、シャトル先を含めてピクシーナイト、Hitotsu、Mazuという3頭のGI馬が出たことに続いて、ジェンティルドンナの仔のジェラルディーナが期待どおりに昨秋のエリザベス女王杯を勝ったわけです。

プロ野球の名監督として名を馳せた野村克也氏が、「成功している男たちの家庭を見ると、どこもカカア天下だ」というようなことを言っていた記事を以前見たような記憶があるのですが、人も馬も、男は女に支えられているのかもしれません。

ところで、2021年のブリーダーズカップディスタフを制したマルシュロレーヌがJRA賞を受賞しなかったことが物議を醸したことは記憶に新しいですが、このような日本の名牝が海外のブリーダーに突然購入され、海の向こうに突然行ってしまう、というシーンを思い浮かべたことはありますでしょうか。キングヘイローの母たる米国の超名牝グッバイヘイローが日本に輸入される際、現地では流出を惜しむ声が強くあったようですが、そんな寂しさを味わう立場となって初めて、日本は世界の一流国と肩を並べたと言えるのではないかと思うことがあります。

最近では、豪州タスマニアの拠点馬で初めてGI馬となったミスティックジャーニーも日本に輸入されましたが、現地関係者の喪失感もついつい想像してしまうのです。

ブルース・ローの慧眼

140ページで述べたとおり、ブルース・ロー（ブルース・ロウ）は、牝系（母系）を分類する「ファミリーナンバー」の産みの親です。

いま、私の手もとに、昭和17年（1942年）に日本競馬會が発行した『フィガー・システムによる競走馬の生産』という本があります。この本の冒頭に「本會の序」と題した日本競馬會が書いた序文があるのですが、現在においても非常に含蓄のある文章であり、ちょっと長くなりますが以下に引用します（旧字体は新字体にしました）。


「本会はさきに小冊子『ヴィイエのドザージュ論について』を刊行して、サラブレッドの生産理論の一端を紹介し、些か生産者ならびに馬関係者の参考に資したが、この度はさらに各国のサラブレッド生産者間に、過去数十年間信憑すべき生産指導書として好評嘖々たるブルース・ロー氏の『フイガー・システムによる競走馬の生産』を翻訳刊行することにした。

馬の生産に関して何か科学的根拠のある定則はないものであらうか、これはおそらく大方の生産者が是非とも聞きたいところであらう。われわれは不幸にして、これならば必ず成功するといふ生産の秘訣を知らない。そこに馬産家の困難があり、同時にまた一つの芸術家としての楽しみもあるのである。

ある馬とある馬を配合させた産駒は、誰が生産しても、必ずかくかくの馬であるといふ風に公式化されたならば、馬の生産はまことに味のないものになるであらう。といつて生産者がなんら依るべき指針なく、無定見のままで生産に従事するといふことは、羅針盤なくして航行するが如く危険千萬である。

本書は原著者ブルース・ローの遺稿を、遺言により親友ウイリアム・アリスンが編纂刊行したものであり、その説くところは、ブルース・ローの創見といふよりも寧ろ数多の勝馬統計に基いた結果論であり、その結果によつて導き出された実際の生産指針である。

メンデルの遺伝の法則が生物学界に隠然たも勢力を有する今日、ある意味においてその先駆をなした『フイガー・システム』が生産理論に少くともある程度の科学性を与へたことは何人も否定し得ぬところであらう。

幸ひこの小訳がわが国生産理論研究への一助ともなつて、今後この方面の研究が益々盛になり、一日も早くわが国独自の生産理論が生まれ出る日を待望してやまない次第である。

なほ本書は相当難解な個所があるから、全然予備知識なしで、はじめて本書を読まれる方は、まづ第一版の序文に出ているブルース・ローがウイアム・アリスン※に宛てた手紙（自9頁至13頁）を是非読むやうにお薦めする。この手紙は原著者が『数字指針』の大要を、誰にもわかるやうにきはめて懇切平易に述べたものであるから、読者はこれによつて本書の概要を把むことができるであらう」

（※）「ウイリアム・アリスン」の誤植。

ブルース・ローの『フイガー・システムによる競走馬の生産』が発表されたのは19世紀の終わり、さらにこれの翻訳本としての前述の書物が発刊されたのも80年も前のことです。

しかしながら依然、前述の文章は現在のサラブレッドの生産界の「想い」にも相通ずるものが多々あることに驚きます。つまりこのことは、この1世紀近い時の流れの中で、サラブレッドの生産に対しての科学的なアプローチは適切になされてきたのか、遅々としていた部分はないのか、という疑問さえ惹起するのです。

ブルース・ローが自己のデータに基づきその理論を発表した当時は、まだ「遺伝子」という概念はありませんでした。前記の序文にも出てくるメンデルは、ブルース・ローの『フイガー・システムによる競走馬の生産』が発表される前の時代に、自らが見出した法則に関する論文を発表したのですが、あまりに斬新な思考に基づくものであったので、当時の生物学界はこれに対してまったく見向きもしませんでした。メンデルの功績が脚光を浴びたのは彼の死後の20世紀に入ってからであり、日本競馬會のこの序文からは、メンデルの法則が20世紀初頭にはセンセーショナルだったことが垣間見えます。

私が母系の重要性のキーワードとして掲げている「ミトコンドリア」というものが認知され始めたのも、ブルース・ローがファミリーナンバーを付した自論を展開したのと同時期である19世紀の終わりです。さすがにその時代はミトコンドリアという細胞内小器官の具体的な機能までわかってはいませんでしたし、ミトコンドリアの遺伝子は母性遺伝することが解明されたのは比較的最近の話です。しかし、ブルース・ローは牝系ごとの成績から、系統間に「有意な能力的差異あり」と確信したのでしょう。

他方、『ジェネラル・スタッド・ブックの歴史　サラブレッドはいかにして創られたか』（ピーター・ウイレット著、ウェザビー社発行、日本軽種馬登録協会訳）には、1937年、当時の研究家の一人であるJ・B・ロバートソンが或る雑誌に次の寄稿をしたことが記されています。

「通常の染色体は、雄の場合であれ雌の場合であれ自由に分離し結合するものであって、各染色体が同一行動をとるわけではない。この事実によって、競走馬を良くしたり悪くしたりする質的な要因が雌の直系の中に永久に残されてゆくという、ブルース・ローの主張は全く無意味になってしまったのである」

当時はこれにより、牝系ごとの能力差を主張したブルース・ローの理論は完璧なまでに打ちのめされました。このロバートソンの寄稿は、当時公に認知され始めたメンデルの法則に基づくものであり、先の日本競馬會の序文とほぼ同時期ということに感慨深いものがあります。

しかし、時を経て、今日においては、そのロバートソンの主張こそ全く無意味なものになりつつあります。残念ながらその時代、ロバートソンはミトコンドリアというエネルギー生産工場にも遺伝子があること、そして母性遺伝をするその遺伝子はメンデルの法則の対象外であることなど知る由もありませんでした。

さらには、次章で詳述するエピジェネティクスのような新規発見（概念）もあり、つまり科学というものは、今日は正しいとされたことが明日は間違いとされることの残酷なる繰り返しであることが、以上のことからも非常によくわかります。

これらのことを踏まえて考えてみると、ふと思うことがあります。まだまだ科学（生物学）が発展途上であった時代を生きたブルース・ローですが、自らの死後に解明される「遺伝のしくみ」をすでに知っていたかのような慧眼《けいがん》があったのではないか……と。

旬の秋刀魚の風味

第1章で「似て非なる全きょうだい」の話を書きました。そこで書いたように、一人っ子ではない（一卵性双生児でもない）方々が自分と自分のきょうだいとの違いを思い浮かべた場合、「こいつとは同胞と思われたくない！」と思う方は少なくないと思いますし、そのように思われた方は、自身のきょうだいとは価値観の相違があることを意味し、これは、心の在り方を左右する遺伝子保有状況の違い（＝形質の差異）に拠るとも推察されるわけです。

こんな喩えをしてみましょう。旬の食材、例えば秋なら秋刀魚《さんま》がありますが、脂が乗ったところを七輪でじゅーじゅー焼いた音を想像するだけでもよだれが出ますし、本当に新鮮なら刺身でいただくのも格別でしょう。

全きょうだいにおける「違い」とは、焼いて食べたときと刺身で食べたときの秋刀魚の味や食感の違いに似ていると私は考えています。調理法により、その味や食感は同じではないものの、旬の秋刀魚の風味に変わりはなく、「母系」とは、その素材を育む「土台」のようなものだと思っているのです。すぐれた素材（食材）であれば、どのように調理しても美味いものは美味いというわけです。

ただし、その素材に基づく個体のすべてがすぐれているというわけではなく、一部に病気になったり腐ったものがあるのも事実です。これらのことから、あくまですぐれた母系というのは高確率で良い物が収穫できるということ、つまりこれは、「収率」「歩留まり」が高いということなのではないかということです。

ダートのGIたるフェブラリーステークスを連覇したカフェファラオは父がAmerican Pharoahですが、その姉で米国の芝のGIを4勝したRegal Gloryは父がアニマルキングダムです。また、芝のGIを2勝したマリアライト（父ディープインパクト）に対して、ダート専門のGI馬たるクリソベリル（父ゴールドアリュール）という半きょうだいの例も非常に興味深いものがあり、これらの例からもやはり何かを感じざるを得ないのです。

高齢で存在価値を示す名牝

母系樹形図を眺めてみると、ちょっと興味深い箇所が2つありました。

1つめは**図4-5**、20世紀の偉大なる種牡馬Northern Dancerの母Natalmaの系統です。私の樹形図は2001年以降生まれのGI馬を載せているので、Northern Dancerの名はありませんが、このような世界的名馬を産む牝馬の系統ですから、一定の繁栄

- Natalma 鹿 1957
  - Spring Adieu 鹿 1974
    - You're My Lady 鹿 1980
      - レディズデライト Lady's Delight 鹿 1992
        - Sunday Service 黒 1999
          - Come Sunday 鹿 2006
            - Ace High 黒 2014 (AUS) c
      - Daphne Donnelly 栗 1994
        - Bay Tree 栗 1999
          - Bouquet-Garni 栗 2005 (SAF) g
    - Razyana 鹿 1981
      - Harpia 鹿 1994
        - Unreachable 栗 2009
          - レモンポップ Lemon Pop 栗 2018 (USA) c
  - Raise the Standard 鹿 1978
    - Coup de Folie 鹿 1982
      - Coup de Genie 鹿 1991
        - **Moonlight's Box 鹿 1996**
          - バゴ Bago 黒 2001 (FR) c
          - Maxios 黒 2008 (GB) c
        - Glia 鹿 1999
          - Soothing Touch 鹿 2004
            - Emollient 鹿 2010 (USA) f
        - デネボラ Denebola 黒 2001 (USA) f
          - Beta Leo 黒 2007
            - Senga 鹿 2014 (USA) f
  - Born a Lady 鹿 1981
    - Natalma's Dream 鹿 1989
      - Stormy Dream 鹿 1993
        - Newscaster 栗 2000
          - Amanpour 栗 2010 (AUS) f

図4-5　Natalmaの系統

を見せています。本稿の仕上げ直前のフェブラリーステークスを勝ったレモンポップや、日本に種牡馬として輸入され、たくさんの活躍馬を出しているバゴのようなお馴染みの名前も見えますが、その中で留意したいのが、ご覧のようにNatalmaが24歳になって産んだBorn a Ladyという牝馬のラインからも後年、GI馬が出ているのです（豪州GIクイーンオブザタークスステークスを勝ったAmanpour）。Northern DancerはNatalmaの初仔であり4歳時の出産であったので、じつに20年にわたる繁殖生活により、そのすぐれた血を後世に伝えた偉大なる母と言えます。

2つめが**図4-6**、米国の偉大なる三冠馬Secretariatの母Somethingroyalの系統です。ご覧のとおりロードカナロアもこの母系です。SecretariatはSomethingroyalが18歳時に出産した第13仔でしたが、さらに、Somethingroyalが24歳時に産んだなんと17

- Somethingroyal 鹿 1952
  - Cherryville 鹿 1958
    - Inchmarlo 栗 1973
      - Reveal 鹿 1980
        - Show and Tell 鹿 1987
          - Montessori 栗 1991
            - Sensuous 栗 1998
              - Strategic News 栗 2003 (AUS) c
      - Gold Trinket 栗 1984
        - New Gold Dream 鹿 1991
          - Fraar Side 鹿 1999
            - The Verminator 鹿 2006 (AUS) g
  - Swansea 栗 1963
    - Sea Swan 鹿 1971
      - Sea Cap 芦 1977
        - North Beach 黒 1982
          - Walkabout 鹿 1988
            - ドメーヌ Domaine 鹿 2001 (CHI) f
        - Whisper 芦 1986
          - Paula's Girl 芦 2005 (CHI) f
  - Syrian Sea 鹿 1965
    - Alada 鹿 1976
      - Super Luna 鹿 1982
        - サラトガデュー Saratoga Dew 鹿 1989
          - レディブラッサム Lady Blossom 鹿 1996
            - ロードカナロア Lord Kanaloa 鹿 2008 (JPN) c
  - Queen's Colours 栗 1976
    - Windsor Fire 栗 1991
      - Royal Diploma 栗 1997
        - Typhoon Zed 栗 2003 (AUS) g

図4-6 Somethingroyalの系統

番目の仔であるQueen's Coloursという牝馬のラインからも、後年GⅠ馬が出ています（豪州GⅠマニカトステークス等を勝ったTyphoon Zed)。

これらのことから、ふと思うのです。交配相手も選ばず、複数の名馬を産むような名牝は、「母」としての確かな肉体的能力を備えており、高齢になろうが素晴らしい仔を産み続けるのではないか、と。

偉大なる母の力

本章で書いた以上のようなことから、個々の繁殖牝馬も種牡馬のように何百何千と仔をもうけることができるのであれば、サンデーサイレンス級の牝馬がたくさんいるのではないかとさえ思えてくるのです。

１９８３年生まれのDararaという愛国産の牝馬がいます。この牝馬が20歳を超えた高齢時に産んだ2頭がGⅠを勝っています。２００５年生まれの牝馬のDar Re Miと２００７年生まれの牡馬のRewildingです。父親も性別も違う高齢出産で生まれたこの2頭が、ともにドバイシーマクラシックを勝っていることに非常に奥深いものを感じてしまいます。

さらに、このDararaは、この2頭を産む前に、Darazari（牡１９９３年生）とRiver

Dancer（旧名Diaghilev：セン1999年生）の2頭のGＩ馬を産んでいるのです。こちらの2頭の父親はともに、欧州の血統地図を塗り替えた名種牡馬Sadler's Wellsですが、高齢で生んだ2頭の方の父親はSingspielとTiger Hillと異なります。いま一度、このような例から何を読み解けばいいのかを考えてみていただきたいのです。

第5章

エピジェネティクス

一卵性双生児でも違う個性

「エピジェネティクス（epigenetics）」の言葉の由来は第1章の20ページに書きました。このことから「後成遺伝学」と和訳されることもごくたまにありますが、エピジェネティクスとそのまま言った方が通じます。

ところで、一卵性双生児の遺伝子一致率は100％です。しかし指紋は微妙に違います。なぜでしょうか。もしもあなたの近くに一卵性双生児のペアの方がいましたら、本人たちには失礼かもしれませんが、よく観察してみてください。指紋のみならずどこかが違うはずです。外見のみならず内面たる性格も、もしかしたら驚くほど違うかもしれません。

いまＪＲ東日本のＣＭに、一卵性双生児の姉妹である鈴木みなさんとまりあさんが登場していますが、美しい彼女たちの顔立ちも、ＣＭ映像からは微妙に違うことがわかります。つまりこの違いは、生体を創り上げる「設計図」たる遺伝子に元来書き込まれた情報とは独立したものに由来するということです。

オランダの飢饉

エピジェネティクスに関する書籍では、20世紀の偉大な女優オードリー・ヘプバーンとオランダの飢饉《ききん》の話がしばしば持ち出されます。時は1944年、記録的な寒さは戦争による荒廃に追い打ちをかけ、ドイツ占領下の物理的封鎖から人々は雑草やチューリップの球根を食べて生き延びました。オードリー・ヘプバーンもその1人であり、その華奢で美しいプロポーションはこの飢饉によるものだとも言われますが、彼女は栄養不良により異常をきたしたその体質に生涯苦しんだとのことです。

生き延びても体質に異常をきたしたオランダ女性ですが、自らが出産した子どものみならず孫の代になっても同様の体質異常のある例が散見されたのです。これは、遺伝子自体は変化しないものの、飢饉による飢餓という「外的因子」により遺伝子のスイッチがオンまたはオフに変化し、そのまま後世に伝えられたことを意味します。

このオランダの飢饉の話はエピジェネティクスのマイナスの作用でしたが、一方で生体にはプラスに作用するエピジェネティクス現象も多々あると考えられています。遺伝性が強いとされる病気に、一卵性双生児の一方のみがかかることも実際にあり、これは、保有する遺伝子のスイッチをオンにしたりオフにしたりするエピジェネティックな作用によるものと考えられ、その遺伝子本来の形質が出現する確率（＝浸透度）に影響を及ぼすのです。

遺伝子スイッチのオン・オフ

2019年発行の『シリーズ人体　遺伝子　健康寿命、容姿、才能まで秘密を解明！』（NHKスペシャル「人体」取材班　講談社）には、「20年くらい前は、遺伝子のことさえ全部わかったら、私たちの病気も運命も全部わかるだろうと考えられていました。しかし遺伝子だけでは、病気も、私たちの運命も、まだまだわからない。そこに、〝DNAスイッチ〟という秘密があるということが明らかになってきたのです」という、ノーベル生理学・医学賞受賞者である京都大学の山中伸弥先生の言葉が引用されています。

第1章で、染色体とはDNAがヒストンというタンパク質に絡んだ構造体と書きました。このヒストンがアセチル化（という化学的修飾）を受けたり、DNAがメチル化（という化学的修飾）を受けると、遺伝子の働きに影響が及ぶのです。われわれは皆、病気を防ぐ遺伝子を持っているのですが、癌や糖尿病になるのは、その遺伝子の働きのスイッチがオフになってしまうためだとわかりつつあり、このようにオンにしたりオフにしたりすることがエピジェネティクスです。

細胞の中の核に遺伝子はあります。同じ個体であれば、その個体を形成するどの細胞も同じ遺伝子を持つものの、細胞ごとに、そこの遺伝子がオンになるかオフになるか差異があるために、第1章に書いた「エピジェネティック・ランドスケープ」のようなことが起こるということです。

山中先生がノーベル賞を受賞したiPS細胞は、このエピジェネティック・ランドスケープを一度は転げ落ちて東の谷底か西の沼地が終《つい》の棲家《すみか》となったはずの細胞ながらも、一定の処理を加えると、再びこのランドスケープの頂上に戻れるというようなものなのです。

X染色体はモザイク状態に不活性化

「X染色体不活性化」については第4章の「牝馬はY染色体を持たない」で説明しましたが、念のため繰り返します。

X染色体には生体の機能をつかさどる多数の遺伝子がある一方で、Y染色体には性を決定する遺伝子はあるものの、遺伝子の数はかなり劣ります。よって、X染色体を2本持つメス（女、牝、雌）と1本しか持たないオス（男、牡、雄）とでは有用遺伝子数に差が出てしまうのですが、メスの生体においては片方のX染色体上の遺伝子の働きは抑制され、性差間に不均衡がないように調整されているのです。ここでもう感づかれている方もいるかもしれませんが、敢えてX染色体の片方だけ働きが止められてしまうことこそ、まさしくエピジェネティクスの一現象です。

メスのX染色体には父親からもらったものと母親からもらったものが存在しますが、どちらのX染色体が不活性化されるかは、同じ個体内でも細胞によって異なるのです。どちらが不活性化されるのかはランダムに決まり、つまりこれは「モザイク状態」を意味し、例えば遺伝子一致率が100%である一卵性双生児でも、女性の一卵性双生児においては、どちらの親からもらったX染色体の遺伝子が働いているかは姉と妹ではまったく違っているのです。

『男の弱まり　消えゆくY染色体の運命』（黒岩麻里　ポプラ新書）には、これが女性の社会的能力、言語能力、認知能力などにおいて多様性をもたらし、さらには、免疫力や疾病にも影響をもたらしていると考えられていると書かれています。何か、近年の牝馬の活躍がこの話と関連があるような気さえしてきます。

三毛猫の模様はエピジェネティクスの芸術品

三毛猫は基本的にメスのみです。三毛猫は毛を白色にする遺伝子を常染色体上に持っている一方で、メスですのでX染色体を2本持ち、そのうちの1本は茶色にする遺伝子を、もう1本は茶色にしない（黒色を導く）遺伝子を持っています。白毛とならない部分の毛色はX染色体上のこの遺伝子に左右されるのですが、先に述べたように、メスの生体においては片方のX染色体がランダムに不活性化されるので、茶色にする遺伝子を持つX染色体が不活性化されなければ（つまり稼働していれば）、その遺伝子がつかさどる皮膚の部分の毛は茶色になる一方で、そのX染色体が不活性化されれば（つまり休眠させられれば）黒色となります。その結果、あの三毛猫の魅力あるモザイク模様が出現するわけです。

オスの三毛猫もまれにいますが、これは性染色体がXXYと異常になった個体で発生する現象です。おわかりのとおり、この個体はY染色体を持つのでオスにはなるものの、X染色体を2本持っているからなのです。なお、このXXYのオスは精子形成が正常に行えず、仔をもうけることはできません。

なお、仮に或る三毛猫のクローンを作成したとしても、同じ模様になることはありません。一卵性双生児でも個性が違う旨を先に書きましたが、これと同じ理屈です。

われわれ人間、そして馬を含む「生き物」は、それぞれが唯一無二の個体であることがこのことからもおわかりいただけるでしょうし、さらにはサラブレッドの血統において、「○○は△△系だから……だ」とか「○○の産駒は2000メートルが限界だ」というような単純帰結の言説の怪しさにも、なんとなく気づいてくるはずです。

親のストレスが子に遺伝

多かれ少なかれ、われわれは日々なんらかの精神的なストレスを受けながら生活をしていますが、いま手もとにある『カラー図解　アメリカ版　新・大学生物学の教科書　第2巻　分子遺伝学』（D・サダヴァ他著　中村千春・石崎泰樹監訳・翻訳　小松佳代子翻訳　講談社ブルーバックス）には、ちょっと衝撃的なことが書かれていました。母親が妊娠期間に極度のストレスを経験したティーンエージャーは、母親が穏やかな妊娠期間を過ごした同世代の者より多くの問題行動を起こす傾向があるとのことで、この話は、先に書いたメチル化という化学的修飾が、極度のストレスを受けた母親のDNAに起こり、これが子に継承されうる可能性を示した研究に基づくようです。

『エピジェネティクス革命　世代を超える遺伝子の記憶』（ネッサ・キャリー著　中山潤一訳　丸善出版）では、人にも当てはまる可能性があるネズミを用いた実験結果も紹介されており、また、早期幼児期に虐待やネグレクトを受けた人の脳では、DNAにおけるメチル化が高い傾向にあった旨も書かれていました。

笑いの重要性

前段落ではエピジェネティクスの悲観的な側面を書いてしまいましたが、遺伝子研究の権威であった筑波大学名誉教授の村上和雄先生の著書『科学者の責任　未知なるものとどう向き合うか』（PHP研究所）には、笑うことが遺伝子のスイッチをポジティブにオンにすることが興味深く書かれています。村上先生は、笑いによって人間の遺伝子のスイッチがオンになったりオフになったりすることがあるのかについての研究を、お笑いのプロ集団たる吉本興業の協力のもとで実施したとのことで、笑いが糖尿病の患者さんにどういう影響を及ぼすかを調べたというのです。

結果は、確実に差があることがわかり、大笑いした後の方が血糖値が下がり、免疫力も上がったとのことです。その結果を受けて臨床医たちの顔色は変わり、その研究成果はアメリカの有名な糖尿病の学会誌にも掲載されたとのことでした。

これこそまさしくエピジェネティクスであり、村上先生は、「私は心と遺伝子について研究を続けてきていますが、このエピジェネティクスの理論からいえば、心の状態が遺伝子のONとOFFにも関係しており、大笑いすることで健康になる遺伝子がONになることも理論的に説明できるのです」と述べています。

そしてこの村上先生は、ネズミを笑わせる研究もしました。手に乗ったネズミをひっくり返して、こちょこちょとくすぐるらしいのです。ネズミは、人間には聞こえない超音波を出し、一定の周波数だと「気持ちいい（＝笑っている）」という合図らしく、そこで笑ったときに遺伝子がどうなるのかを片っ端からチェックし、その結果、笑いだけで遺伝子がオンになったりオフになったりすることがわかったとのことです。

ちなみにこの「笑うネズミ」の研究は、或る海外での集まりに村上先生が参加した際、自由時間に酒場で或るハンサムなアメリカ人に、「日本人はあまり笑わないと聞いているけど、どうして笑いの研究をしているのですか？」といきなり声をかけられたことに端を発するとのこと。それはなんとハリウッドの大スターたるリチャード・ギア氏だったとのことで、その打ち解けた酒宴の最中にアメリカ人研究者が、「笑うネズミはつくれるんじゃないか」と言い出したのがきっかけらしく、「あのときリチャード・ギアさんが私に笑いについての質問をしなかったら、『笑うネズミ』という発想にはならなかったと思います」と先生は書いています。非常に興味深い話です。

サラブレッドの生産への応用

２０２２年3月、名調教師として名を馳せた藤澤和雄氏の引退直後にＮＨＫで『幸せな人間が幸せな馬をつくる「調教師　藤澤和雄　最後の４００日」』という番組が放送されました。藤澤氏のやり方は「調教革命」と呼ばれ、馬をリラックスさせるために厩舎内に音楽を流したり、鞭を入れない調教たる「馬なり」をこの番組ではキーワードとして前面に出していました。

「つらくないから機嫌がいい」「なるべく強い調教をしないで、叩かなくても勝てるような競馬でいきたい」という藤澤氏の考えは、氏が22歳の時、競馬の勉強のためにイギリスのニューマーケットに行った際に学んだ、馬をかわいがり、馬と信頼関係を築こうとするイギリスの調教哲学の影響だということであり、調教は速く走ることよりも気分よく走らせることが肝要という話が前半で取り上げられていました。

ニューマーケットにおいて、当初は馬を上手に扱えずいらだっていた藤澤氏に、そんな態度じゃ駄目だとパブで仲間の一人が「Happy people make happy horse」と言ったとのことで、その言葉の和訳がこの番組のタイトルとなっているわけです。

そして番組の最後に流れた、調教師引退で厩舎解散の日に藤澤氏から厩舎を支えたスタッフへ伝えられたあいさつの言葉が以下です。

「長い間　一生懸命朝早くから頑張ってくれたおかげで　ここ数年　馬たちが牧場に帰ってから　体調がいいって褒められたこともあるし　牧場からは毎年いい馬が来ているのは　日頃　気をつけてやってくれた　おかげだと思う」

先に書いたストレスと笑いの話が、果たして馬においてはどれだけ当てはまるのかはわかりませんが、そのような精神の在り方が遺伝子の働きに影響を与えていることと、この藤澤氏の言葉には深い関係があるような気がしてきます。そして、よりよいサラブレッドの生産には、エピジェネティクスに関する知見も非常に重要ではないかと思えてくるのです。

特に牝馬においては、厳しいレースを過度に経験させる前に繁殖入りさせることが、もしかしたら思った以上に大切なのかもしれませんね。

第6章 科学と血統理論

先に結論ありき

以前、『聖書と科学のカルチャー・ウォー　概説　アメリカの「創造VS生物進化」論争』（原著 Eugenie C. Scott　訳者 鵜浦裕・井上徹　東信堂）という本を読みました。この本によれば、科学的な事実をいくら突きつけられたとしても、人間には信念をなかなか変えられない何かがあるとのことであり、生物は自然のプロセスにより進化してきたものの、この事実を認めることができない人は米国や西欧に驚くほど多く、特に米国では約半数の人々が現在もかたくなに生物進化論を拒んでいるとのことです。この本の序文には、「創造論の真の狙いは、科学や思想が真実として妥当かどうかという問題ではなく、特定の狭い信仰を維持することにある」と書かれています。

日本テレビのアナウンサーであった桝太一氏は、大学院ではアサリの殻について研究したように生物学専攻の下地があり、現在は日本テレビを辞めて、「サイエンスコミュニケーション」の研究・実践のための活動をされています。『桝太一が聞く　科学の伝え方』（東京化学同人）は高名な科学者との対談集であり非常に興味深く、創造論に関する話では、国立科学博物館館長の篠田謙一氏の以下の言葉に唸ってしまうものがありました。

「たとえば、一本の木の中には多様な昆虫が生息しています。実際に木を見てもらい、これが多様性ですと紹介する。そして、どうしてこんなに多くの昆虫がいるのかを考えてみましょう、というとそこにはさまざまなストーリーがあります。そうしたストーリーを一つひとつ見せるのが展示です。ところが、最初から神様がつくったからだ、と言われてしまうとそこで終わってしまうんですよ」

ガリレオ（←馬ではない）は、地球が動く「地動説」を唱えて裁判にかけられ有罪となりましたが、「天動説」が先に結論として確立してしまっていた当時、ガリレオは単なる変人、そして狂人として扱われました。つまり科学の歴史とは、今日正しかったとされたことが明日は間違いとされる（その逆のパターンも）……というようなものです。2018年にノーベル生理学・医学賞を受賞した本庶佑先生が、科学誌に載っている論文の9割は嘘という趣旨の発言をされた際は物議を醸しましたが、つまり科学とは、掲げられた仮説が修正を受けることの繰り返しなのです。

科学哲学者のカール・ポパーは、科学は常に反証できるものと唱えました。つまり、科学的な視点下では「決定的な証明」など不可能ということです。

「絶対」「必ず」という言葉の値崩れ

２０２1年8月の新馬戦で、ＧⅠ馬たるステルヴィオの全妹のステルナティーアが快勝した際、テレビ中継でベテランのトラックマンが「絶対」だったか「必ず」だったかの修飾語を伴って、この馬は来年のクラシックに乗ると堂々と言い放っていたことに、かなりビックリしました。単に新馬勝ちをしただけの若駒が、今後どのような成長曲線を描くかなど誰もわかりませんし、故障することだってあるのに、と。結局、この馬はクラシックに出走することはありませんでした。

しかしそれを深く追及しないのがこの世界の不文律です。その言葉尻をとらえることはルール違反であり、「絶対」にしても「必ず」にしても、この世界においてはその言葉には例外がありうると皆が暗黙の了解をしているわけです。

１８６ページで紹介した『男の弱まり　消えゆくY染色体の運命』の著者の黒岩麻里氏は北海道大学大学院教授で分子細胞遺伝学の研究者ですが、この本には、「私たち科学者は断言をさける傾向があります。結論を述べる時に『～だ』と断言することはせずに、『～の可能性があります』『～という考え方も残されています』といった具合です」とあり、さらに、「多くの科学研究がとるアプローチ法とは、立てた仮説をひとつひとつ否定していく作業なのです。現在までの研究成果からは、ここまでの仮説が否定できたけれども、まだ否定しきれない仮説が残されている以上は、100%断言はできないのです」とありました。

このことから思ったのは、もしもバリバリの科学者が競馬の評論家になりたいと思ったとして、しかしそのような科学に忠実なマインドから抜けきれないとしたなら、良いか悪いかを単純明快、切れ味抜群に言い切る弁舌でファンを取り込むことなど、はかない夢となってしまうのでしょう。

相関関係と因果関係

特に配合を語るうえでは、「相関関係」と「因果関係」の違いをきちんと理解する必要があると感じます。端的に言えば、相関関係は2つのものごとが単にかかわり合う関係、これに「原因」と「結果」のつながりがある場合に因果関係となります。つまり、相関関係があるからと言って因果関係があるとは限らないのです。が、どうもわれわれは相関の関係があれば因果の関係もあると考えたくなるようです。

例えば、俗に「ニックス」と呼ばれる配合パターン。或る系統の種牡馬と或る系統の繁殖牝馬の配合パターンから、活躍馬がそこそこ出てくれれば、このパターンの配合に多くの生産者が注目し始め、評論家もこの配合パターンで生まれた馬を過剰に持ち上げるコメントを発します。父ステイゴールド、母の父メジロマックイーンのパターンで、オルフェーヴルとゴールドシップが続けて登場した時がそうでした。

しかしそれは、母数やサンプル数に鑑みると有意性を示すに足りているのか怪しい例が大半であり、そうするとこれは相関関係以前に一足飛びに因果関係を信じてしまったようなものなのかもしれません。

以前、或る雑誌の記事には、「或る繁殖牝馬から3頭ほどの仔を得てみて、この牝馬の血筋には〇〇系の種牡馬は合わないとよくわかった」という旨の生産者のコメントがあったのですが、たった3頭程度でその配合が合わないなどと判断できるはずがありません。これは、総数が少ない状態ながらも、それを一般化してすべてに当てはまると思ってしまう例でしょう。

たまたま

『たまたま　日常に潜む「偶然」を科学する』（レナード・ムロディナウ著　田中三彦訳　ダイヤモンド

社）には、いかに身の周りの偶然が、そこにあたかも意義があるかのごとくデコレーションされていくかが興味深く書かれていました。

まず、われわれ人間は自分の考えを検証する際に、自分の考えを支持する情報ばかりを探し集める傾向があり、これは「確証バイアス」と呼ばれるものです。我田引水のために、見たいものだけを見るというものです。或る血液型はこのような性格だと言いたいときに、それに合致する人の例ばかりを集めてしまうような場合がそうでしょう。インターネットで自分好みの情報だけをたくさん集めることができてしまう現在、ますますその加速度は増しているようですが、この本に書かれていた以下のくだりは大きくうなずけるものがありました。

「確証バイアスは現実の世界に多くの不幸な結果をもたらしている。教師が最初に、この生徒はあの生徒より頭がよいと信じると、教師はその仮説に確証を与えるような証拠に選択的に注意を向ける。雇用者は、これはと思われる応募者を面接すると、即座に第一印象を形成し、面接の残りを、その印象を裏づけるような情報を探り出すことに費やす」

これは、例えばセリで前評判の高い超良血馬のいいところしか見えなくなったバイヤーが、激しい競り合いになっても何が何でも競り落とす姿となんとなく被ってしまうのです。そして思ってしまうのです。そのように落札した馬でも、どれだけ実際に活躍したのかな、と。

また、2021年のホープフルステークスをディープインパクト産駒のキラーアビリティが勝った際に、解説者が「ディープの末脚を引き出した」とか「ディープだからこれからも長い距離は大丈夫」のようなことを言っていました。そもそもこの馬は163ページの図4－4にあるように母がGI馬であるにもかかわらず、そのようなコメントはもっぱらディープの血しか見えていないようであり、これにも何か相通ずるものがあります。

さらに、この本の以下のくだりも唸るものがありました。

「われわれが世の中のランダムネスの作用に気づかないのは、この世を評価するとき、われわれは見えると期待しているものを見ようとするからだ。われわれは基本的に成功の程度で才能の程度を定め、その関係を強調することで、われわれが抱いている因果的な見解を強化している。だから、異常なほど売れている人間と売れていない人間とのあいだにほとんど能力差がないことはままあっても、両者に対する見方にはたいてい大きな違いがある」

各種牡馬における極端なまでの種付料の違いなど、これの典型かもしれません。

また、この本には、過去をデータ化し立派なグラフをつくって説明をすることは容易だが、このようなことは、将来の事象の予測とはほとんど関係のない「あと知恵」という錯覚である旨が書かれていました。

ビル・ゲイツにしても、偶然が重ならなかったら世界一の富豪ではなくただの一ソフトウェア起業家にすぎなかったかもしれないとのこと。サラブレッドの世界に目を転じれば、例えば名ブリーダーとしていまも名高いフェデリコ・テシオにしても、名馬を輩出したのは「たまたま」の賜物であったのかもしれず、それを後世の者たちが、彼の配合に関する考え方を立派な理論に仕立て上げてしまった部分はないだろうかとも思ってしまうのです。

究極の科学者アインシュタイン

製薬会社が新しい薬を開発し、それを当局（日本なら厚生労働省）に承認申請するには、当然のことながら生体における確かな有効性や低毒性などを示すデータを出す必要がありますが、そのデータ取得のために、直接患者さんにその薬物を投与する「治験」を行います。

二重盲検試験（ダブル・ブラインド・テスト Double Blind Test：以下「DBT」）とは、治験の方法のひとつです。例えば、甲という製薬会社がAという高血圧に効く新薬候補を開発したとしましょう。そして、その有効性などを確認するための治験では、すでに承認を得ている抗高血圧薬（乙という製薬会社がすでに販売しているBという薬）との比較データを取ることになったとしましょう。

このDBTでは、医師が患者さん（被験者）にAかBを投与するわけですが、例えばそれが錠剤ならば、そのAもBもまったく同じ「外見」に製造され、まったく同じく包装され、投与する医師さえもどちらを投与したかがわからないようになっているのです。承認前のAを投与するのはこの患者さん、承認済みのBを投与するのはこの患者さん……という医師側の主観も完全に排除されるのです。

そして一定数の患者さんに投与が終了した後、どの患者さんにAが、どの患者さんにBが投与されたか、一斉にそのブラックボックスが開かれます。これを「キーオープン」と言います。Aを投与された患者さんのグループと、Bを投与された患者さんのグループとで薬効や副作用に差異があるかについて、徹底的に比較解析され、そこに確かな新たな有効性（有用性）が認められた場合に、めでたく「新薬」として日の目を見るのです。

以上のとおり、このDBTのミソは、診療する側の医師さえも、患者に渡す薬がAなのかBなのかわからないというところです。「病は気から」とよく言いますが、実際に、風邪気味の人が単なるアメ玉を「これって風邪によく効く薬なんだよ」と悪友に真顔で言われて呑み込んでみると、それがまさに効いてしまうことがあるのです。これを「プラセボ（プラシーボ Placebo 偽薬）効果」と言い、薬理学的にも確認されています。つまりDBTでは、医師の表情や言動で患者側にプラスにもマイナスにも発生しうるプラセボ効果を徹底的に排除するわけで、科学的に精度の高いデータを得るにはこのような涙ぐましい努力があるわけです。

ところで、2022年10月11日放送のテレビ東京系『開運！なんでも鑑定団　秋の〈超ド級値〉お宝連発！　3時間半スペシャル』で取り上げられた天才科学者アインシュタインにまつわる宝物の話は、非常に興味深かったです。老舗バイオリン工房の若き社長が持参したのはアインシュタインの手紙でした。

話をかいつまむと、工房創業者の三男はバイオリン奏者であり留学でよくドイツに行っており、バイオリンを愛《め》でるアインシュタインとは親交を持つ仲となり、その創業者は親交の御礼として自作のバイオリンをアインシュタインに贈ったところ、礼状が返ってきた、それがその手紙である、というものです。

その手紙には、アインシュタインがすでに持っているバイオリンと贈ったバイオリンの音色を比較した旨が書かれていたのですが、そこにはまさに科学者の鑑たることが書かれていました。以下は番組に流れたその手紙の翻訳のテロップです。

「その際、一切の暗示効果を避けるべく予防措置を講じました。私たちのうちの一人がこれらのバイオリンを代わる代わる弾き、残りの者はそれを見ることなく隣室で聞いて、どちらのバイオリンの音であるかを判断するという方法をとったのです。ご子息も私も、貴殿の楽器の方が優れていることを疑いの余地なく明確に確認することができました」

これ、まさしくダブル・ブラインド・テストです。アインシュタインの究極の科学者たる一面を垣間見ました。

以上のようなことからも、例えば、この馬は○○の産駒だからというような先入観をはじめから持つことがいかにリスキーかということがわかります。月刊『優駿』の2022年11月号には、今年の大阪杯を勝ったジャックドールを管理する藤岡健一調教師は馬を血統で選ばない主義で、見た印象を大切にしている旨が書かれていましたが、そういうスタンスは非常に重要なことだと思います。

ちなみに、このアインシュタインの手紙の鑑定評価額は1500万円でした。

「信じる」のか「納得する」のか

本章の最初に紹介した『桝太一が聞く　科学の伝え方』には、これも先に紹介した国立科学博物館館長の篠田謙一氏が日本テレビの『世界一受けたい授業』に出演した際、人類はアフリカから出てきた1つのグループだという話をしたら、出演者に、私は占い師にあなたの祖先は誰々だと言われたがどちらが正しいのかと問われた話が書かれています。これに対して氏は、「そこで思ったのは、占いは信じる、科学は納得する、そういった違いがあるということでした。占いを信じることは結構です。ですが私たち科学者は集めた証拠から論理的に結論を導き出しているんです。この二つは並べることはできません」と述べています。

こんなことを想像してみてください。あなたは占いが大好きです。何か迷いや悩みがあると占いの本を読んだり、占い師のところに相談に行っています。そんなあなたの身体に或る病巣が見つかったとしましょう。あなたの主治医はこれを外科的な治療でいくか、内科的な治療でいくか、迷ったとします。後日、主治医は外科手術でいくとあなたに告げたので、理由を尋ねると、迷い続けたので著名な占い師に占ってもらったら外科的治療がいいということだったので、外科手術でいきますとのことでした。……なんてことがあったら、いくら占い好きのあなたでもどんな気持ちがするでしょう。

市販誌で以前見た或る論者の記事では、近親交配の成功例の著名馬を列挙しながら、近親交配はあったほうがないよりはいい、という旨のコメントをしていました。しかし、何と比較して「ないよりはいい」と断言しているのかがまったくわかりません。

例えば「日本の平均寿命は80歳と高い」と言った場合、何をもって「高い」のでしょうか。他の国々が70歳程度なら確かに「有意差」があり高いと言えますが、他の国々も80歳程度ならば日本が「高い」とは言えません。既存の血統理論の多くは、「長生きしている日本人のおじいちゃんおばあちゃん」を意図的にたくさん紹介しているだけで、まさしく先に書いた確証バイアスであって、「他の国々の平均寿命」、つまり「対照データ」がまったく示されていないのです。

いずれにしても、このような理論に関しては、どこかのテレビ番組で聴いた言葉を拝借すれば、信じるか信じないかはあなた次第です、ということです。

競馬予想への限界

あくまで個人的な見解ですが、私は、レース展望においてすぐに血統の話を持ち出すことにはちょっと懐疑的です。ちなみに、血統をレース予想において重視する人を「血統派」と呼ぶことがありますが、そういう意味だと私は「非血統派」ということになります。

競走馬の個性（つまり能力）を語る上で「血統」と「馬体」は双璧のごとく言及されます。その中で、血筋ごとの特徴を謳っている書物やウェブサイトは散見されますが、一旦競走馬として入厩できた馬の個性を判別する上で、まだ素性が知れていない2歳や3歳の前半ならまだしも、古馬のGⅡやGⅢのレースでこれらが謳っているほどに血統を検討する意義があるのだろうかと思うことがほとんどです。確かに加齢とともに表に出てくる遺伝形質はありますが、それを加味してもです。

年末の商店街の福引で見かける「ガラポン抽選器」を想像してください。いまガラポン抽選器は2つあり、赤い玉が1等としましょう。1つのガラポン器には多数の赤玉が入っているものの、もう1つの方は少ない。当然、前者の方が1等が出る確率は高い。しかし後者からも赤玉は出ます。一旦出た赤玉はおのおの同じ価値（＝1等）なのです。

特に馬券に主眼を置くファン向けの血統関連本やサイトは、「この赤玉はどちらのガラポン器から出たのか？」のような議論に興じているような気がしてなりません。「〇〇ステークスは△△の血を持つ馬が好成績」といったものも見かけますが、祖先として△△を3世代前に持つのか4世代前に持つのかでは遺伝子継承量が倍違いますし、インクロスになっていればまた違ってくるでしょう。

武豊騎手が乗って昭和の時代に菊花賞を勝ったスーパークリークは1985年生まれですが、その時点ですでにNorthern Dancerの4代目（玄孫《やしゃご》）でした。同じく父系祖先にNorthern Dancerを持つ馬でも、1998年生まれのGalileoや日本でも供用された200

4年生まれのハードスパンなどはまだ2代目（孫）であり、その産駒でさえ3代目（曽孫）です。

言いたいのは、父性遺伝や母性遺伝する因子があるのならまだしも、同じ△△系と言ったところで、半世紀以上も前の馬であるNorthern Dancerの子孫など、同じ年齢であっても代がばらばらであり、その遺伝子の継承量も自ずと違ってくるということです。

血統の詳細な検討は、配合の検討段階においてこそ肝要です。つまり生産者自身が自分のガラポン器に赤玉をどれだけたくさん仕込めるかが最重要事項と言えるのではないでしょうか。

アーモンドアイは、父はスプリンターとして名を馳せたロードカナロアゆえに、2400メートルのオークスでは距離不安説がささやかれたと思います。しかし、それを難なく克服した姿を見て、同年のジャパンカップではもはやそのような不安説は聞こえなくなりました。

だいぶ昔の話になって恐縮ですが、昭和51年（1976年）の菊花賞で、条件戦をなんとか勝ちあがってぎりぎりで出走権を得た12番人気のグリーングラスが快勝した際、どこかの紙面で「血統論者を狂喜させた」という言葉が躍っていた記憶があります。グリーングラスの父インターメゾは、本場イギリスの菊花賞に該当するセントレジャーを勝っており、まさしく長距離血統とされていたからです。確かにこの時は、「レース検討に血統は重要なんだな……」と中学生の私は思ったものです。

そしてその翌年の菊花賞。トライアルの京都新聞杯も快勝した連勝中のプレストウコウについて、『ダービーニュース』の名物トラックマンの伊藤友康氏が、「(短距離血統とされた)グスタフの仔が菊花賞に勝ったなら歴史に残りますよ」とネガティブな口調で解説していたように、プレストウコウはダービー馬のラッキールーラとともにシード※されたものの、3番人気に評価を落とされました。が、結果は当時のレコードタイムでの快勝だったわけで、前年のグリーングラスの例とは対照的でした。

(※)「シード」という言葉は、その馬に優遇措置が取られているかのような誤解を与えるため、のちに「単枠指定」という呼び方に変更されました。9頭立て以上のレースの場合、1つの枠に複数の馬が入ることになり、もしもその枠にいた圧倒的人気馬がレース直前に取り消しても、その枠にはまだ出走馬が残っているため、これに絡む枠番連勝の馬券は返還対象になりませんでした。これを回避するために、圧倒的人気になりそうな馬は単枠に指定する制度でしたが、1991年に馬番連勝の馬券が発売されると同時に廃止になりました。

当時は出走各馬の情報を事前に入手するにも、当然にインターネットなどなく、紙面やラジオがメインでした。血統にしても、外国産馬や持込馬の父親がどの血筋なのかさえ調べるのに難儀した時代ですので、菊花賞でグリーングラスを血統面から支持するに至った論者が素晴らしかったことは確かでしょう。しかし現在は当時とは違い、出走各馬に関する情報は（怪しいものはあるものの）各種媒体において随時十分に発信されているわけであり、さらにレース直前までその馬の様子をチェックした後に思い思いにネットでも馬券を購入できるのです。

そんな現在だからこそ、レース検討は、あふれかえる情報をバランスよく選別・選択するのが肝要だと思うのですが、ネットの書き込みなどにしても、レース検討にそこまで血統を加味する必要があるのかといつも思ってしまうのです。つまり、ガラポン器から出てきた赤玉は青や緑に変色できないように、「生まれてきたもの」はその有形の姿がすべてです。前述のアーモンドアイにしてもプレストウコウにしても、父親は短距離血統だと言われながらも、さらに長い距離に適性を持った個体として生を享《う》けたということです。

血統派と呼ばれる人たちでも、血統を的確に探究して自らのレース検討に反映している人たちは確かにいるでしょう。その一方で、揶揄的に血統派と呼ばれてしまうような方々は、自分の想いに都合のいい血統論ばかりを取り込んでしまってはいないでしょうか。

わからないものはわからない

遺伝に関する書物をいろいろと読みながら自分なりに勉強していると、遺伝という生命現象はそのほんの一部しかわかっていないということを思い知らされます。遺伝子が存在するDNAですが、その98%の領域には遺伝子らしきものが見当たらず「ジャンク」、つまり「くず」の領域とつい最近までは見なされていました。じつはこのジャンクと呼ばれた領域にこそ重要な役割があることが発見されつつあるのです。

われわれはどうも、白か黒かの結論を無理やりにでも導き出そうとする傾向があります。つまりグレイゾーンを許容できないのですが、遺伝子自体が持つ情報以外にも遺伝を左右する要素があるとされ、そのグレイゾーンの広さがますます認識されつつあるのがまさしく第5章に書いたエピジェネティクスの分野です。

先に紹介した『桝太一が聞く　科学の伝え方』にあった2016年にノーベル生理学・医学賞を受賞した大隅良典先生の以下の言葉には、非常に興味深いものがありました。

「笑い話のような話があります。大学の講義中『これには二つの意見があって、まだどちらかわかっていない』とある事柄を紹介したところ、一人の学生が『どっちか一つにしてください』と言ってきたと。受験勉強をするなかで正解は一つ、これを覚えればいいという教育をされてしまっている結果かもしれません」

われわれ自身もなんとなく、その学生と二重写しになることはありませんか。先に書いた村上和雄先生の『科学者の責任　未知なるものとどう向き合うか』には、「京大元総長の平澤興先生が、50年間生命の謎を追い求めて、結局わかったことは『命の本質はわからない』ということだったというのも、非常に奥深いことです」とあり、「わからないことを『わからない』というのも科学者の使命」とありました。非常に含蓄のある言葉です。

疑似科学の生産者への影響

疑似科学的な血統理論に対して、私は厳しい視点を持ってしまっていると思うことが確かにあるのですが、実際に日高の生産地を歩いていて、生産者から「○○という血統理論（の信憑性）はどうなのですか？」と真面目な顔で訊かれたことで、私の気持ちにさらに拍車がかかりました。その生産者はその理論の発信者とはしばしばやり取りをしているようであり、果たしてこれでいいのだろうか、と。

以前たまたま見た或る人のウェブサイトには、その人がハマった理論はオカルトと切り捨てられるケースが多いが、統計的に見ればすべての血統理論が同様に論証されるものではない、よって、信じるも信じないもその人次第でいいとありました。これにはうなずける部分もあります。けれども、ものごとには程度というものがあります。ファン同士の限られた空間でそのような理論を信じ合うのはいいのですが、ネット全盛の現在に、限られた集団だけでシェアというのは残念ながら不可能なのです。

深慮なく中小の生産者がそんな理論を信じてしまった場合、死活問題に発展しえます。また、バイヤーがそんな理論を信じてしまった場合、生産者の中でもマーケットブリーダーは「強い馬」ではなくバイヤー好みの「売れる馬」をつくらざるを得なくなるのです。なお、「信じる」という言葉の在り方については、２０５ページに書いた国立科学博物館館長の篠田謙一氏が述べていたことも再確認してみてください。

配合に関して、いかにも「成功の方程式」もどきの言説は常に見かけます。しかし思うのです。例えば、ガラポン器に玉が１０００個入っており、１等の赤玉は10個（１・０％）

入っていたとして、それを15個（1・5％）に、次に20個（2・0％）にと地道に％を上昇させていくことを探究するのが筋道ではないだろうかと。

中小の牧場ならガラポン器を回す回数に限りがあり、とりあえず売れそうな配合を模索するのは仕方のないことかもしれません。しかし、生産者が科学的な視点を持たずに、このような％の上昇を目指す科学的な試行錯誤を怠り続けると、言い換えれば科学と疑似科学をしっかりと見分けていかないと、ボディーブローのように効いてくるのではないでしょうか。つまり、第8章の259ページあたりで言及する「経験と勘」ばかりにたよる生産者自身に責任があるのも確かです。

血統や配合において生物学を含む科学を超越する理屈など、そうおいそれと創出できるものではありません。創出できたとしたなら、それこそ既存の科学を覆す新奇な発見であり、もはやそれはノーベル賞級かもしれないのです。けれどもそんな言説や理論が、我がサークル内にあまりにも多くないでしょうか。これを機に、ほんのちょっとだけ立ち止まって、冷静な眼で俯瞰《ふかん》してみていただきたいのです。

例えばファン同士の配合に関する議論の際に、「血統はロマンだ」というようなセリフを耳にすることがあります。それはうなずけます。そのとおりだと思います。しかし、科学的な根拠が乏しい理屈だけは「砂上の楼閣」にすぎません。僭越《せんえつ》なことを申せば、配合を含めた血統の探究において、科学に対して真摯なアプローチの中にこそ真のロマンが存在するのではないでしょうか。

第7章

我が仮説

仮説（その1）……母系の重要性とミトコンドリア遺伝子

本章では、私なりの仮説をいくつか書いてみたいと思います。まず、母系の重要性とミトコンドリアには深い関係があるのではないかという仮説は、すでに第4章で詳述しました。よって、本項目はその補足です。

毎年内国産馬で新たにGI馬となる馬は何頭いるのか、その割合は総生産頭数から見たらどの程度なのでしょうか。

日本における年間のGIレース（Jpn1を除く）の数は25ですが、当然に複数のGIを勝つ馬がいて、また2022年なら海外で初めてGIを勝ったパンサラッサやウインマリリンのような例もあるので、とりあえず年間で新たにGI馬になる内国産馬数は25と仮定しましょう。そして、日本の年間サラブレッド生産頭数は7500と仮定しましょう（参照：JAIRSのウェブサイト：https://www.JAIRS.jp/contents/tokei/tokei_chiikibetsu_s.html）。そうすると、内国産でGIの栄冠を得る馬の割合は25／7500（≒0・3％）ということになります。

ここでまたガラポン抽選器を比喩に用います。そこには7500個の玉が入っていて、25個が当たりの赤玉だと想像してみてください。つまり、まずこのガラポン器を回して赤玉が出る確率は0・3％です。そして、繁殖牝馬が生涯に仔を産める数はせいぜい10余りです。つまりその牝馬は10数回しかこのガラポン器を回せないのに、そんな確率でしか出てこない赤玉を再び出す牝馬があまりに多くはないだろうか、というのが第4章に書いたことです。国や地域によって、総生産頭数と総GI数の割合に差異はあるでしょうが、イメージはつかめると思います。

第4章にも書いたとおり、ミトコンドリアDNA中の遺伝子の変異率は、核DNAの遺伝子よりもかなり高いとされます。このことから、同じファミリーでもその分枝系統ごとに、運動能力に影響する遺伝子において個別の変異が入ったというのがこの仮説のベースです。繰り返しとなりますが、シーザリオのようなすべて父親が違いながらもGI馬を複数産む例には、何か計り知れないものを感じるはずです。

なお、負の作用を及ぼす変異も当然にあると考えれば、繁栄を見せていた母系が急に萎むということもあるのかもしれません。

仮説（その2）……名牝を母に持つ名種牡馬

あらためて気づくのは、名牝を母に持つ名種牡馬が多いということです。近年の主要国のリーディングサイヤーとなった種牡馬を見ると、Kitten's Joy、Nathaniel、Into Mischief、

Siyouniの母親は違う種牡馬を相手に複数のGⅠ馬を産んでいます。

さらに、Nathanielの母Magnificient Styleも、Into Mischiefの母Leslie's Ladyも、GⅠ馬を3頭産んでいます。特にLeslie's Ladyが産んだこれら3頭の父親はシーザリオと同様にすべて違い、Into Mischiefは父Harlan's Holiday、妹のBeholderは父ヘニーヒューズ、弟のMendelssohnは父Scat Daddyです。

究極の例は、やはり偉大なる母Urban Seaとその息子Galileo。母性遺伝をするミトコンドリアの遺伝子ですので、牡であるGalileoは、母Urban Seaから授かったその遺伝子を自身の産駒に授けることはできません。しかし、半弟のSea The Starsもたくさんの優秀産駒を出していることから、「Urban Seaから授かった何かすごいもの」を彼らはその産駒にも伝えているような気がしてならないのです。この「何か」について、私は科学的にどのようなストーリーを組み立てられるのかを考え続けたのですが、結果として次のような仮説を掲げました。

「Urban Seaは、優秀なミトコンドリアの遺伝子（以下①）を持っていたと同時に、これを的確に活性化させる核の遺伝子（以下②）も持っていた。GalileoやSea The Stars

は、Urban Seaから①も②も授かったが、①は産駒に授けることは不可能である一方、②は産駒に授けることが可能である。つまり、母系が優秀で産駒成績がすぐれている種牡馬は、自身の交配相手が持つミトコンドリア遺伝子と有意に協働するような、自身の母から授かった遺伝子を産駒に授けているのではないか」

ことのはじめは2020年4月、デアリングタクトの桜花賞での激走を見て、「その父エピファネイアを通じてシーザリオの『何か』を継承したのだろうか」と思ってしまったのですが、そうです、ここでUrban Seaをシーザリオに、GalileoとSea The Starsをエピファネイア、リオンディーズおよびサートゥルナーリアに置き換えてみてください。そして、種牡馬になったこれらシーザリオの仔たちを眺める際には、決してサイヤーラインという枠にはとらわれないでいただきたいのです。

仮説（その3）……名もない母系から突然出現する名種牡馬

機械とは違う「生き物」には、当然のことながらいくらでも例外があります。前項目の「仮説（その2）」では、名種牡馬には母親（母系）が優秀な馬が多いことを書きましたが、もしかしたら、その究極の例外こそ、サンデーサイレンスなのかもしれません。サンデーサイレンスの母系は非常に地味であり、それゆえに年度代表馬の栄冠を得ながらも、アメリカ生産界は日本に手放したと言われます。124ページで触れた吉沢譲治氏の『血のジレンマ　サンデーサイレンスの憂鬱』には以下のようなくだりがあります。

「だが、アメリカにおける種牡馬としての評価は低かった。母はGⅡレースの優勝馬だが、母系を過去に五、六代たどっても下級馬しか見当たらない貧弱きわまりない血統だったのである。そこに代々配合されている種牡馬もマイナーなものばかり。こんな血統から、よくぞGⅡレースを勝つ母親が生まれてきたものだと驚かされる。突然変異で生まれたとしか考えられない」

少々話がそれますが、私は個人的に吉沢さんとは懇意にしております。吉沢さんの著書には何度も感銘を受けたものの、強い馬が突如出現することを遺伝子の「突然変異」に帰結する論述をしばしば見かけたので、それはちょっと違うと思っていました。吉沢さんの別の本を読んだ際に、「著書をいくつも読ませていただきましたが、すぐれた競走馬が突然出現することを安直に『突然変異』に帰結してしまい、この言葉を多用してしまっているような気がします」と差し出がましい手紙を、その出版社経由で出してしまったのがお付き合いの始まりなのです。と、この話を始めると長くなるので、また別の機会に。

話を戻しますが、サンデーサイレンスという「個体」を見てみると、確かに血統表のボトムラインにめぼしい牝馬はおらず、そこから枝葉も伸びておらず、そこに配合された種牡馬群もほとんど目に触れない名前ばかり。そこからこのような逸材が突如現れたのですから、遺伝学的観点から考察しても、例えばエピジェネティクスなどといった生易しい現象ではなく、サンデーサイレンスには競走能力に有意に働く突然変異があったのかもしれない……とついに私も思い始めてしまったのです。

いずれにしても、そんな母系から突然の年度代表馬の出現ですので、アメリカ生産界にしたら、その競走能力がそのまま種牡馬の能力に直結するとは思えなかったのでしょう。或る意味で当然の話です。

このような血統背景の馬が、なぜあのような競走成績を収め、さらには種牡馬としてあのような爆発的な成功を収めたのか。仮に遺伝子解析技術が発達しても、その理由を明確に解き明かすことは至難でしょう。そこが生き物の奥深さであり、おのおのの個体が唯一無二の存在である所以《ゆえん》です。ちなみに、サンデーサイレンスには有意な突然変異が入ったのだと仮定すると、そこにはどのような科学的ストーリーを組み立てられるのか、とやはり思ってしまうわけで、以下が現時点での私の仮説です。

「サンデーサイレンスにおいて、その細胞核の（DNA上の）遺伝子に特殊な突然変異が起こり、その変異が入った遺伝子は、交配相手の眠った（核およびミトコンドリアの）遺伝子をも覚醒させるような作用、あるいは、交配相手が持つ不利益な遺伝子を凌駕（上書き）する顕性な作用があったのではないか」

ただし、正直な気持ち、うまく説明できない遺伝現象を突然変異に帰結することは、遺伝を探究する者にとっては不本意です。変異率が高いミトコンドリアの遺伝子ならまだしも染色体上の遺伝子の変異に結びつけることは、理由づけが困難な現象を「神の思し召し」にしてしまうようなものであり、或る種の敗北でもあるのです。

自然科学の領域においては、白か黒かのような単純な結論を導き出せることはまずない旨は繰り返し書いてきました。そのような、探究心をくすぐる未知の部分だらけなのが「生き物」であり、そこに魅力があふれています。或る意味で底なし沼たるそんな魅力を、いまさらながらサンデーサイレンスは教えてくれたような気がしたのです。

あの時は吉沢さんに「突然変異」という言葉の多用を指摘してしまいました。しかし、「サンデーサイレンスとは何だったのか?」と考えると、少なくとも現時点では前述のような見解に行く着くわけであり、ということで、吉沢さん、これについてはほんのちょっとだけごめんなさい。

『優駿』の2021年3月号に「ブリーダーズビュー　日本競馬　その進化の過程」と題された社台ファームの吉田照哉氏と岡田スタッドの岡田牧雄氏の対談が掲載されています。その中で岡田氏は、「〝サンデー〟は突然変異ですよね。私の持論に、『突然変異の種牡馬はすごい』というのがあるんです。ノーザンダンサーもサートリストラムも、きょうだいはぜんぜん走らなかったのに、種牡馬として大成功した」と言っているのですが、これについても私はなんとなくうなずいてしまったのです。

もしかしたら、キタサンブラックもサンデーサイレンスと似たような部分があるのかなと、これを書いている直前に観たイクイノックスの有馬記念の圧勝劇を想い返してしまい、さらには、本稿の最終の校正刷り（ゲラ）を待っている時に観た皐月賞のソールオリエンスの豪快な差し切りの映像が頭から離れないのですが、果たして。

仮説（その4）……偉大なるシラユキヒメの母系

2020年12月13日の阪神ジュベナイルフィリーズ。勝ったのは、札幌2歳ステークス、アルテミスステークスと2つの重賞を含め3連勝中であったソダシであり、白毛馬がGⅠを勝ったことでブームとなりました。

さかのぼること1979年、黒鹿毛の父ロングエース、栗毛の母ホマレブルから突然真っ白い馬が生まれました。ハクタイユーです。当時、一般のニュースでも大きく取り上げられていたことが懐かしく思い出されます。種牡馬取り違えが疑われたとも聞きましたが、それは当然のことだと思います。

その後、1983年にはカミノホワイト（黒鹿毛の父カブラヤオー、栗毛の母クレナイイオーザ）が同様の例として真っ白く生まれてきたのですが、両親ともに鹿毛系や栗毛系ながらもこのように白い馬が生まれることは、通常の遺伝の法則ではあり得ません。したがって、これらの白毛馬の誕生は突然変異によるものと見なされます。

そして1996年、青鹿毛の父サンデーサイレンス、鹿毛の母ウェイブウインドから、これまた真っ白な牝馬が生まれました。シラユキヒメです。

このシラユキヒメの一族を眺めてみると、孫のハヤヤッコ、ソダシ、曽孫のメイケイエールと3頭の重賞勝馬が短期間のうちに登場しました。既述のとおり私は、母系の重要性はミトコンドリアの遺伝子と深い関係があるという仮説を掲げていますが、ミトコンドリアの遺伝子は「母性遺伝」をする一方で、この突然変異で発生した白毛を導く遺伝子は、父からも母からも受け継ぐ常染色体（3番染色体）に存在する遺伝子が変異したものです。よって、シラユキヒメの白毛遺伝子は、必ずしもファミリーライン特有に遺伝していくものではなく、この一族の白毛馬が種牡馬になった場合でも、そこから白毛産駒が得られます。

馬の白毛を導く遺伝子は他にもあるのですが、シラユキヒメ一族の突然変異による白毛遺伝子は、第1章の「メンデルの法則」で説明したところの顕性の性質を持ちます。

人のABO式血液型において、遺伝子型AOの人は、顕性の遺伝子Aが潜性の遺伝子Oの作用を覆い隠してしまいA型となるわけですが、その人が、遺伝子型OOのO型の人と結婚した場合、生まれてくる子どもの血液型の確率は、A型（AO型）が50%、O型（OO型）が50%です（メンデルの「分離の法則」）。

ここで、この遺伝子Aを、シラユキヒメ一族の白毛遺伝子に置き換えてみてください。すなわち、シラユキヒメが非白毛の種牡馬を相手にして生まれてくる仔は、理論上は50%の確率で白毛になるわけです。

しかしです、シラユキヒメの仔12頭中10頭、つまり83%もが白毛なのです。母数が12に過ぎないので、統計学的には単なる偶然の可能性は否めませんが、イレギュラーに多い印象を受けてしまいます。つまり、シラユキヒメの仔の83%もが白毛ということは、この血筋に特有の、既存の生物学では解明しきれていない「何か」があるのかもしれないと思ってしまったのです。

さらに、私が特に気になっているのがメイケイエールです。この馬の母は白毛のシロインジャーですが、この馬は鹿毛です。これは、メイケイエールの細胞核内のDNA上には、もはやこの一族の白毛遺伝子は存在しないということですが、依然としてシラユキヒメが持つ別の素晴らしい遺伝子を受け継いだのだろうか、と想像を膨らませてしまうのです。

あらためて、前述の論点をまとめると以下になります。

①顕性の白毛遺伝子を持つ白毛馬が白毛以外の馬と交配した場合に白毛が生まれる確率

は、メンデルの「分離の法則」により理論上は50%である。しかし、シラユキヒメの仔12頭のうち10頭（83%）が白毛である。これは単なる偶然か。

②シラユキヒメの一族から、ハヤヤッコ、ソダシ、メイケイエールと3頭の重賞勝馬が短期間に出ている。シラユキヒメに突然変異で発生した遺伝子と、素晴らしい競走能力を引き出す「何か」が深い関係にあるのだろうか。特に興味深いのは鹿毛のメイケイエール。この馬は白毛遺伝子を持ってはいないが、シラユキヒメが持っていた別の素晴らしい遺伝子をもらったのだろうか。

まず①について考えてみます。これは、母数がたかだか12であることから偶然にすぎないと考えるのが通常でしょう。ところで、先にも書いたとおり、ディープインパクト、ロードカナロア、ルーラーシップのように鹿毛遺伝子Eをダブルで持つ（ホモで持つ）と見なされる鹿毛系の馬の産駒には栗毛系は一切出ませんが、サンデーサイレンス、ハーツクライ、キングカメハメハのようにEを1つだけ持つ（ヘテロで持つ）鹿毛系の産駒には一定数の栗毛系が出ます。ステイゴールドもそうであり、栗毛のオリエンタルアートと交配した場合の産駒における鹿毛系と栗毛系の理論上の誕生比率は半々です。実際にこの配合で生まれた馬は7頭おり、以下のとおりです。

鹿毛（4頭）：ドリームジャーニー、リヤンドファミユ、
　　エストソルシエール、オルファン
栗毛（3頭）：オルフェーヴル、アッシュゴールド、デルニエオール

このことからも、やはりシラユキヒメの仔の白毛率83％というのはイレギュラーに高いと思ってしまうわけです。

ちなみに、牡と牝が生まれる確率も基本的には半々です。しかし、面白い例がダイワスカーレットで、初産から立て続けに10頭の牝馬を産んだのです。11番仔はようやく牡馬でしたが。私の知り合いに4人のお子さんは全員娘さんという方がいて、その確率は1／2×4＝1／16（6・25％）だな、などと思ったことがあるのですが、10頭目も牝馬だと聞いた時は、その理論上の確率は1／2×10＝1／1024（0・10％）と限りなくゼロに近いな、などと思ってしまい、よって、ダイワスカーレットの卵子はX染色体を搭載した精子

ばかりを好むのか……などとも思ってしまったのです。

ところで、第1章の「表現型と遺伝子型」で説明したとおり、このシラユキヒメ一族に白い花を咲かせている遺伝子を通常「W」と呼びますが、このWは、一部の例外はあるようですが「致死遺伝子」という不気味な側面があるのです。

例えば、高校の生物の教科書などで典型的サンプルとして引用説明されているのが、ハツカネズミで黄色い毛色を導く遺伝子です（**図7－1**）。この遺伝子は顕性で通常「Y」と呼ばれるのですが、このYをダブルで持つ（ホモで持つ）と死んでしまうのです。

ここで、このYをそのままWに置き換えてみてください。つまり、Wを2つ持つ（ホモで持つ）と誕生できない可能性があり、つまりこの白毛を導く遺伝子は、或る意味で地雷のような、得体の知れない代物なのです。白毛のカミノホワイトに白毛のハクタイユーを毎年交配して、5年目にようやくミ

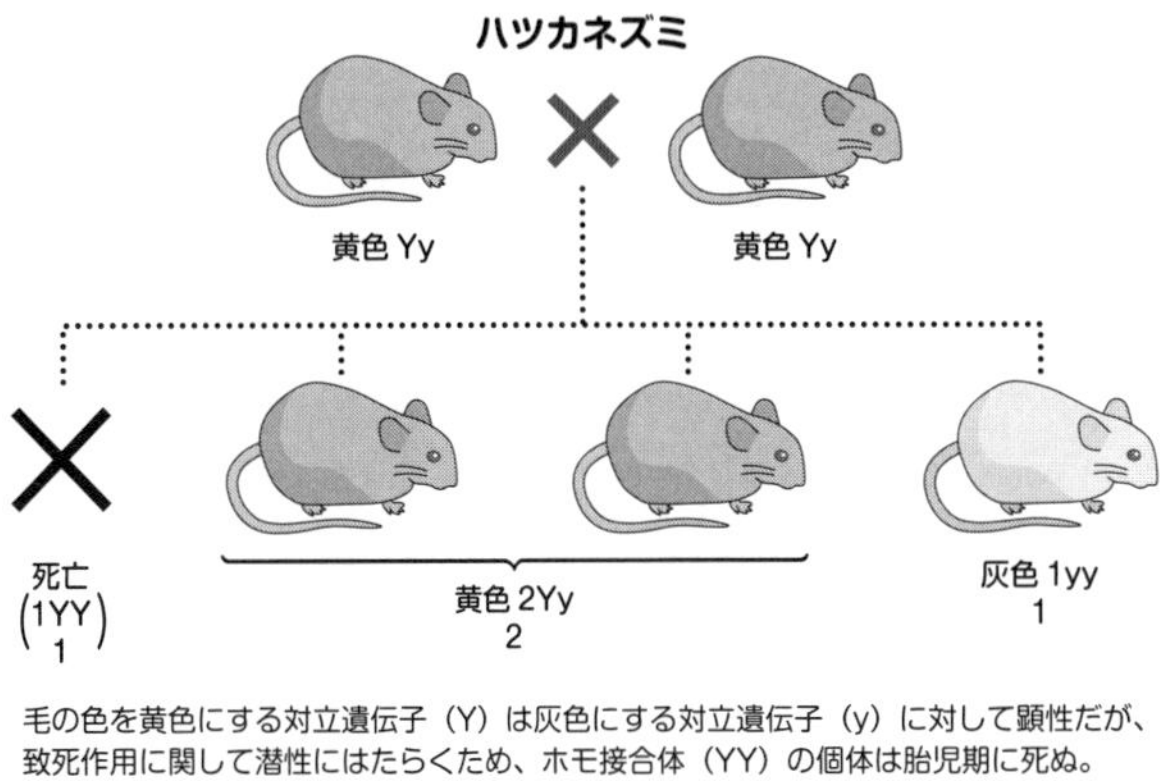

毛の色を黄色にする対立遺伝子（Y）は灰色にする対立遺伝子（y）に対して顕性だが、致死作用に関して潜性にはたらくため、ホモ接合体（YY）の個体は胎児期に死ぬ。

図7－1　致死遺伝子　ハツカネズミの毛の色

サワボタンという白毛馬が生まれましたが、その前に4年連続で仔を得られなかったことは、もしかしたらこの遺伝子の致死作用によるものだったのかもしれません。

そんなイレギュラーなキャラの遺伝子ですので、たくさんの未知の作用を持つのかもしれません。シラユキヒメの「83％」とは、彼女の卵子の中でも遺伝子Wを搭載した卵子ばかりが我《が》が強く、他の卵子を押しのけて排卵される……などと考えてしまうと、偉い生物学者の方々からは、たかだか母数が12に過ぎないのに、そんな考えはあまりに突拍子もないとお叱りを受けてしまうかもしれません。けれども、ダイワスカーレットの例にしてもちょっと極端な数字ですし、白毛遺伝子に限らず、未知なことであふれているのではないでしょうか。

ここで、25ページで説明したメンデルの法則の3番目たる「独立の法則」を思い出してください。白毛遺伝子Wは3番染色体に存在するのですが、もしもその染色体に素晴らしい運動能力を引き出す遺伝子も載っていたならば、34ページで説明した「連鎖」により、この一族の白毛馬は素晴らしい競走能力を持っているということにもなりうるわけです。ちょっと突拍子のない発想ではあるのですが。

次に、前記②について考えてみます。シラユキヒメの一族から立て続けに出た重賞勝馬のすぐれた競走能力は、シラユキヒメの細胞内で突然変異で生じた白毛遺伝子Wと関連性があるという仮説を立てるとしましょう。しかし、メイケイエールは鹿毛であり、このWは顕性の性質を持つことから、メイケイエールはWを持っていないことは明らかです。すると、この仮説は成り立たないということになってしまうのでしょうか。

この一族における白毛と、すぐれた競走能力とに関連性があるとするならば、前記の突拍子のない発想のとおり、シラユキヒメに突然変異で生じた白毛遺伝子Wが載る染色体に、すぐれた競走能力を引き出す別の遺伝子も載っている（白毛遺伝子と同時に突然変異で生じた？）ということが想像できます。そして、このWに対して、そのすぐれた競走能力の遺伝子をZとしてみると、WとZは同じ染色体に同居するため、Zに基づくすぐれた競走能力を持つ馬はWを持つことになり、つまりその馬は自ずと白毛ということになり、これら2つの形質（毛色と競走能力）が「連鎖」しているということになります。

ところで、染色体は対（ペア）になって存在しますが、これらペア同士の染色体の一定部分は互いに交差して組み換わる旨は第1章で説明しました。**図7-2**にある「A」と「B」という遺伝子同士は、そしてこれらの対立遺伝子であった「a」と「b」という遺伝子同士は、もともとは同じ染色体に載っていたのですが、このようにわれわれの細胞核内の染色体は一定部分を交換し合って新たな染色体を構築し、これによりそれぞれが唯一無二の個体となって、生物は多様性を維持しているのです。

このことから、WとZが同居した（と仮定した）シラユキヒメの3番染色体は、もう1つの3番染色体と組換えが起こることにより、WとZは別々の3番染色体に載ることになってしまったのかもしれず、そうだとすると、鹿毛のメイケイエールの活躍も理に適ってくるではありませんか。つまりメイケイエールは、Wを載せた3番染色体は持たない一方で、Zを載せた3番染色体を持っているという理屈です。これまた型破りな発想（妄想？）ですが。

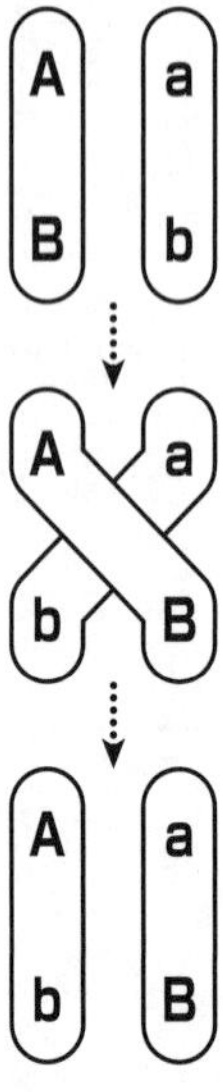

図7−2　新たな染色体の構築

ちなみに、WとZはもともとは同じ染色体で同居していたとするなら、依然としてその同居率も高いと思われます。よって、今後もシラユキヒメの白毛の血を引いた子孫からは競走能力が高いものがたくさん出るかもしれず、私が生産者だったら、この一族の白毛牝馬を積極的に導入したくなるかもしれません。

「遺伝」は未知なことばかりです。ソダシの母のブチコは黒い斑点が入る犬のダルメシアンのような模様であり、これがどのような遺伝的作用によるものなのか、まだまだわからないことばかりです。よって、さらに白毛馬の数が増えれば、より広く深く解析ができることから、新たな科学的な発見があるかもしれません。そこには、白毛遺伝子と素晴らしい運動能力が密接に関係しているなんていう発見もあるかもしれず、そして、そんな未知の眠りから白雪姫が目覚める……なんていうストーリーもあるのかもしれません。

仮説（その5）……隠し味のような血の意義

「補足遺伝子」というものがあります。この例として、ほとんどの教科書で取り上げられるのがスイートピーの花の色であり、**図7-3**のとおり、白い純系色に対して紫色となるにはCとPという2種類の遺伝子が揃うことが必須で、おのおのの作用を補い合っているのです。

ところで、44ページではイギリスの生物学者リチャ

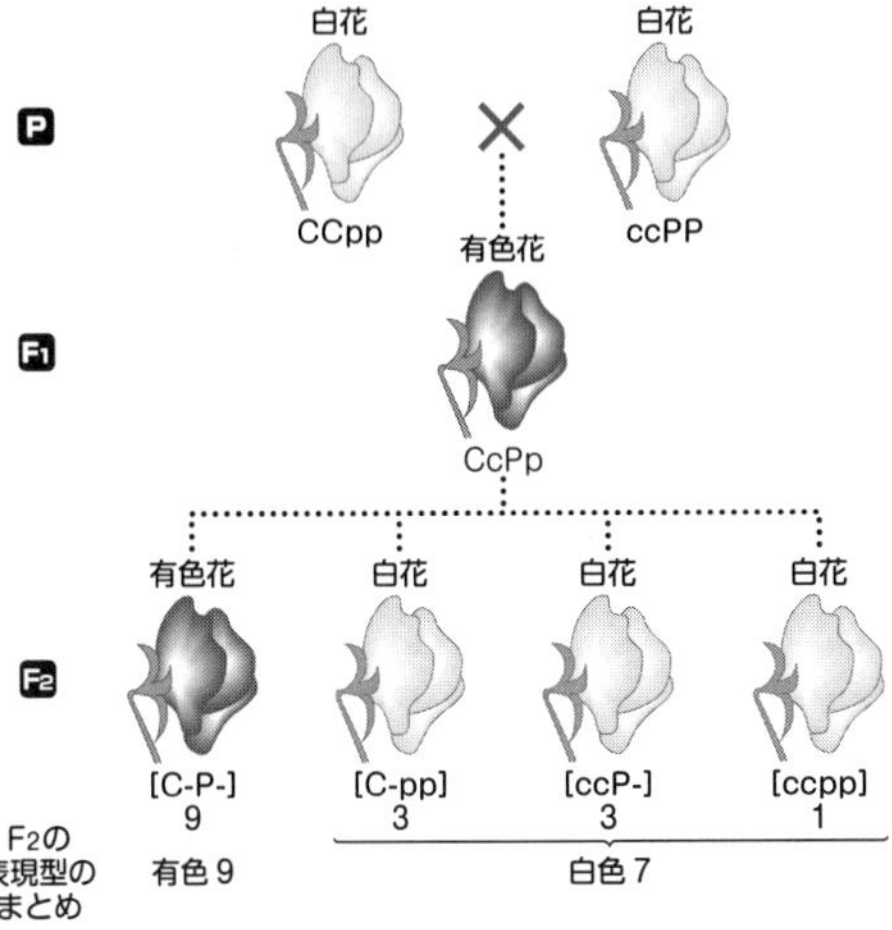

図7-3　補足遺伝子　スイートピーの花の色

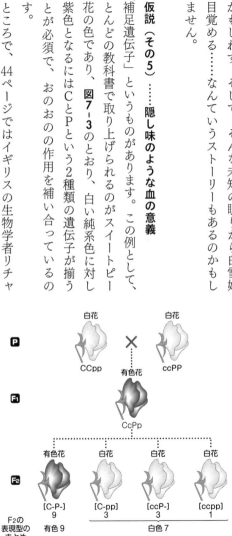

ード・ドーキンスの『利己的な遺伝子』の一節を引用しましたが、そこにあった「一つの生存機械は、たった一個のではなく何千もの遺伝子を含んだ一つの乗り物《ヴィークル》だ。体を構築するということは、個々の遺伝子の分担を区別するのがほとんど不可能なほど入り組んだ協同事業である」のくだりは、広い意味で「補足遺伝子」の概念ではないでしょうか。

生き物は「料理」のようなものかもしれません。いくつもの食材や調味料があり、これらがほどよく調和し補足し合うことで「美味な成果」が創出されることから、これらおのおのは補足遺伝子と言えそうです。ただ、これら食材や調味料のみならず、これを的確に調理する料理人の存在も美味創出の必須条件であることから、その料理人自身こそドーキンスが言っている「他の遺伝子群の働きを制御する親遺伝子」であり、つまりこれさえも補足遺伝子と言えてしまいそうです。そして、そこに、多大な数の遺伝子を含んだ乗り物たるドーキンスの言う「生存機械」の正体が見えてくるわけです。

このように「生き物」という組成体は、多数の遺伝子が深遠に作用し合い、つまり補足し合いながら、時に隠し味のごとく裏方に徹しながら、メインの遺伝子の働きを支えながら存在しているのです。第4章の「ドイツの血筋」に書いたようなことも、この隠し味のような遺伝子なのかもしれません。

そこで考えてみたいのは、「ベスト・トゥ・ベスト」はベストなのかということです。この言葉を使う人のあいだで多少ニュアンスに差異はあるでしょうが、名牝に名種牡馬を付けることを俗にベスト・トゥ・ベストと言うようです。

毎年、新馬戦が開幕する頃になると、兎にも角にも「良血馬」が話題となります。そして、「この馬は、父親と母親のGIタイトルの数を合わせると○個であり……」というようなセリフも耳にすることがありますが、しかしです、この上なくスペシャルにナイスでエクセレントと言われるような配合で生まれてきたのに、期待したほどではないなと思った馬も少なくないのではないでしょうか。

確かに、そのような超良血と言わしめる馬は絶対数が少ないので統計的観点からは母数が少なく、また確固たる判断指標もないことから、総合的に期待値に達していないとは即座には言い切れません。けれども、選りすぐりの名馬同士の配合が本当に「ベスト」と言えるものなのかは非常に怪しいです。

例えば、私たちの日常の食事を想像してみましょう。よっぽどのベジタリアンではない限り、野菜ばかりのメニューが何日も続けば活力も出ませんし、うんざりしてきますよね。逆に、あなたがいくら肉好きだったとしても、来る日も来る日もステーキばかりをこれでもかこれでもかと出されてはこれまたうんざりするでしょうし、栄養も顕著に偏りが出て、体調もおかしくなってしまうでしょう。俗に言う「ベスト・トゥ・ベスト」の配合とは、その父方にも母方にもすでに幾重にも名血が上塗りされているわけであり、繰り返し繰り返し繰り返し繰り返し繰り返しステーキを食べ続けるようなものなのかもしれません。

ところで、私の息子の高校の生物の教科書を見ると、さまざまな作用を及ぼす遺伝子が列挙されているのですが、ふと、ベスト・トゥ・ベストと言われるような配合において主役と目されている自己主張の強い遺伝子が、この教科書に載っていた「抑制遺伝子」だったら、と思ってしまったのです。抑制遺伝子とは、対立遺伝子（↑35ページで説明しました）のペアがそれぞれ別の顕性作用を持つ場合に、一方が他方の形質の発現を抑えてしまう、というものです。つまり我の強い2人がバトルをして、一方を叩きのめしてしまうようなものでしょうか。

ちなみに、その教科書に載っていた例は「カイコガのまゆの色」であり、Yという遺伝子はまゆを黄色にするものの、Iという遺伝子があるとYの働きを抑え込んで白色になるというものでした。

ベスト・トゥ・ベスト（と言われる配合）で生まれた馬の父と母である名種牡馬と名牝が

特異的に保有する遺伝子は、自己の生体の能力をあまりに強く主張するがゆえに、他の遺伝子を抑制してしまう作用も顕著だった……なんてこともあるのかもしれません。われわれの社会においても、我の強い者同士が同じ組織に共存できないように、自己主張の強い類似の遺伝子同士では相乗効果どころか相加効果さえなく、互いにその能力を潰し合っているなんてことも十分に考えられます。

日本料理だって中華料理だってフランス料理だってイタリア料理だって、メインの食材の風味を邪魔せず最大限に引き出すために、その脇役たる素材や隠し味をちりばめることにより、唯一無二の「深さ」が創出されます。ベスト・トゥ・ベストと安直に言われるような配合は、どうもその相性に鑑みることなく、素晴らしき食材たる肉、魚、野菜を一緒に鍋に放り込んで、エイヤーッと炒めれば、自ずと素晴らしき料理ができあがると思い込んでいるようなものではないでしょうか。松茸とトリュフと松阪牛とフォアグラとイクラとキャビアを全部一緒に口の中に放り込んだら、どんな味がするのでしょう。そのような高価な食材を連想するような血筋をふんだんに盛り込んだ場合に、確かな「収率」や「歩留まり」が得られたのであろうかと、ふと懐疑的になってしまうのです。

日本の血統地図に少なからず影響を与えたクロフネ。先に書いたとおり、私は世界のG

I馬を網羅した母系樹形図を書いていることもあり、そのGI馬の加筆に当たって5代血統表には毎回目を通しているのですが、クロフネの母の父たるClassic Go Goの名は一度くらい見たことがあったかなという程度であり、つまりまったくの無名種牡馬なのです。『優駿』2002年2月号にある吉沢譲治さんが書いた「クロフネ引退特集　栄光の蹄跡と種牡馬としての可能性」という記事によれば、クロフネは先ず1歳時にピンフッカー（＝転売に向けた育成業者）がセリで購買し、順調にトレーニングを受けた後に転売され日本にやってきたようですが、ここで思うのです。もし、このように母の父がまったく聞いたこともないような無名種牡馬たる若駒がセレクトセールのような著名市場に出てきた場合、その馬体や身のこなしが限りなく素晴らしくとも、果たして当該セールで常連となっているようなバイヤー諸氏は触手を伸ばすことがあるのかと。

種牡馬のみならず繁殖牝馬にしても近年は類似の血の蔓延ということから、第4章の「巨大な自転車操業」に書いたような海外名牝をたくさん輸入すれば事業が転がっていく時代は、もう終わりに近づいているのかもしれません。そんなことをつらつらと考えていると、「ドイツの血筋」に書いたようなことをはじめとして、隠し味たる血の意義がますます高まってくるような気がしてくるわけです。

ふと思ったのですが、サンデーサイレンスはその母系があまりに無名だったこともあり、前記の仮説（その3）では突然変異説を唱えてみましたが、そのような無名な血筋が確かな隠し味となったという考えもありそうです。

或る生産者が、2000メートルのスペシャリストをつくるべく配合を模索していたとしましょう。仮にその生産者が保有する繁殖牝馬が現役時代に2000メートルのスペシャリストだったとした場合、種牡馬も2000メートルを中心に活躍した馬を選択したくなるのではないでしょうか。しかし、前述のようなことに照らしてみると、そのような選択が本当に正しいのかということにもなります。

近年は長距離血統は敬遠される傾向にありますが、社台SSにおいて、昨年に続いて今年も最高種付料の1800万円が設定されたエピファネイア、今年も1200万円の三冠馬コントレイル、そしてイクイノックスなどの活躍で評価がうなぎ上りで今年は倍増1000万円のキタサンブラックはみな、3000メートルの菊花賞を勝っています。

確かに3歳秋に、古馬との対決は避けて3歳限定のクラシック路線を進む場合は、仕方なしに菊花賞へとなるわけで、前記の各「菊花賞馬」は3000メートルに適性があったというより、絶対的能力で菊花賞を勝ったという方が当たっているのかもしれません。昔も今も競馬界において「三冠」という言葉の価値は別格であり、コントレイルもその線だったのでしょうし、エフフォーリアにしても仮にダービーを勝っていたなら、菊花賞に進んだのではないでしょうか。

とは言え、前述のとおり、社台SSの種付料高額種牡馬の一定数が3000メートルのGIを勝っており、キタサンブラックはさらに3200メートルの春の天皇賞を2回勝っていること、そしてその母の父は対照的にスプリンターズステークスを連覇したサクラバクシンオーということにも興味深いものがあります。

短距離のスペシャリストであったロードカナロアも高額の1200万円ですが、アーモンドアイを筆頭にその産駒の距離適性が広そうなことは先に書いたとおりです。このようなことに鑑みると、仮に生産者が2000メートルのスペシャリストをつくりたいとするならば、異距離で名を馳せた馬の血を隠し味として入れることも重要な気がしてしまうのです。

仮説（その6）……ウォーエンブレムに教わった愛の結晶のかたち

鳴物入りで種牡馬として輸入はしたものの、稀代の癖馬でなかなか牝馬に興味を示さず、種牡馬としての当初の期待値をまったく充たさなかったことから保険金もおりたと聞く、ケンタッキーダービーを含む米GⅠを3勝したウォーエンブレム。種牡馬を引退してからはアメリカに戻り余生を送っていましたが、天に旅立ったニュースが3年前に入ってきました。

種付時、小柄で特定の毛色の牝馬にはなんとか興味を示したようなことも聞きましたが、関係者は苦戦を強いられ、結果、血統登録された産駒数は100余りに留まりました。しかし、この少ない産駒数ながらも、秋華賞を勝ったブラックエンブレムや阪神ジュベナイルフィリーズを勝ったローブティサージュをはじめとして、勝ち上がり率や重賞勝ち数には非常に目を見張るものがあり、これには、吉沢譲治さんの『新説 母馬血統学 進化の遺伝子の神秘』（講談社＋α文庫）の或る一節を想い出したのです。

この本には、いまから1世紀以上前、ジニストレリという配合に頭を悩ますイタリアのオーナーブリーダーの話が記されています。ジニストレリは、イギリス紳士からイタリアは競馬三流国と馬鹿にされて、その反発心から膨らんだ野心でイギリスに乗り込み、自己生産馬で本場のダービーを勝つことを目指します。自己所有の期待の牝馬 Signorina（シニョリーナ）には、当然ベスト・トゥ・ベストを目指してイギリスの名種牡馬を次々と交配するも、成果は出ず。彼女はすでに17歳、この年も名種牡馬Isinglass（アイシングラス）を付けようとこの馬を曳き連れてニューマーケットを歩いていると、のそりのそりと歩いてきたうらぶれ感ある無名種牡馬Chaleureux（シャルールー）とすれちがいます。シャルールーは不意にシニョリーナの匂いを嗅ぐと、たちまち激しい興奮状態に。さらに驚いたことに、シニョリーナもなんと、シャルールーに出逢って心酔状態になってしまったとのこと。これを見た生物学者で心理学者のジニストレリは、「いままでシニョリーナの仔が走らなかったのは、愛のない結婚が原因だったのかもしれない」と考え、シャルールーとの交配を決意。翌年に生まれた牝馬Signorinetta（シニョリネッタ）は、1908年のイギリスのダービーとオークスに勝ってしまう……という趣旨の一節です。

なんとなくこの話と、数少ないウォーエンブレムの産駒の勝ち上がり率が高いことに相通ずるものがあるような気がしてしまいませんか。

そして、第2章の「自然の摂理」に書いた、女性は自分の（俗に恋愛遺伝子と呼ばれる）HLA遺伝子ともっとも異なる型のHLA遺伝子を持った男性に惹かれるという話を想起してしまうのです。2019年10月6日の朝日新聞に、「異性との相性　決め手はDNA?」という記事がありました。この記事によれば、或る婚活イベントにおいては、参加女性からはまず唾液を集めてDNA解析をし、相性が合う遺伝子型の男性を見つけ出すとのことで、この相性判断に用いるのが、HLA遺伝子とのことです。

ここでちょっと話が脱線しますが、確かに男性が惹かれる女性、女性が惹かれる男性は、自らの遺伝子型とは対極にある型を持つ者の場合が多いのかもしれません。しかしです。前述のような婚活は、「型さえ違えば良き伴侶になるはず」と過度の思い込みを助長しているような気さえしてしまうのです。この記事に書かれている或る参加女性のコメントに「生物として相性が合う人がどんな人なのかを知りたい」とあり、そのために参加を決めたとのことですが、その前に、男も女も、自らに備わっている生物としての本能をいかんなく発揮して、好みの異性を追い求めてほしいな、なんて思います。

そういう意味では、ウォーエンブレムは、自らの遺伝子情報に基づく本能に対して限りなく忠実に、まさしく「生物」としての王道を行っていたのではないか、などとも思ってしまったわけです。つまり「相性」というものが、生物学で言うところの「両性生殖」において非常に重要な要素なのではないかということであり、これは、鍵と鍵穴がしっかりと嚙み合うようなものなのかもしれません。

第8章

サイエンスコミュニケーション

ニュートンとペストとヒキガエル

私は、獣医師免許を得た直後、短い期間ながら犬猫を中心に診る動物病院に勤務したのですが、国家試験にパスした直後の獣医など当然に現場の経験は乏しく、飼い主さんにそんな浅薄な知識の自分を見透かされないかと毎日が不安な気持ちの連続でした。

そんな時、院長に「大学の教授にしたって、思った以上に動物の病気についてはわかってないから不安になることはない」と言われた記憶があります。つまり、一般市民のわれわれは「教授」と聞くと、世のあらゆる分野の常識（と俗に言われるもの）は何でも知っていると思いがちですが、逆に「専門馬鹿」であることがしばしばであるのかもしれません。

歴史上の科学者として高名なアイザック・ニュートンですが、ペストを治すためにはヒキガエルの嘔吐物を飲むべきと唱えた手書きの原稿が見つかったとのことです（https://www.cnn.co.jp/fringe/35155496.html）。

名を馳せた人の言葉を鵜呑みにしていないか？

われわれは、いかにも自信ありげに断言する人や声の大きい人、さらには1つの業績に秀《ひい》でた人の言うことをとりあえず信じてしまう傾向があるようです。

定年で引退した調教師が競馬中継で解説者を務めたり、雑誌、スポーツ紙、そしてそこが運営するウェブサイトで持論を展開することを見かける機会が増えてきました。調教師と言えば、競馬界においては確たるステイタスを築いた伯楽です。特にGI馬を数多く送り出した調教師であったならば、その定年後はメディアにおいて引っ張りだこになるのは当然です。

しかしです。数々の名馬を輩出した華々しい経歴はあれど、その言説には疑問を抱かざるを得ないものも少なくなく、重責から解き放たれたためかかなり自由奔放なものも目に留まり、特に血統に絡む「遺伝」という生命現象についての言説には首をひねることがしばしばです。

現在は評論家として活動しているかつてはGI馬も出した元調教師は、アーモンドアイがエピファネイア相手に初仔を産んだ際にその配合について解説していたのですが、サンデーサイレンスの3×4であることを「奇跡の血量です」と述べていました。が、第3章に書いたような金太郎飴状態からも、この期に及んで奇跡の血量というのは的外れです。

また、多くの著名馬を送り出した別の元調教師も評論家として血統に関する持論をコンスタントに発信していますが、そこで述べられていることにも「?」と思う部分が随所にあります。一例として、購買額が30億円超と言われながら種牡馬として不成功に終わったラムタラに関して、その父Nijinskyは鹿毛ながらもこの馬は母と同じ栗毛なので母系の影響が出たようだと述べ、よって、Nijinskyの血を求めた自分はラムタラ（の産駒）を敬遠する理由になったのかもしれない、という趣旨の発言をしていました。

通常の聞き手は、これについてなるほどと思ってしまうのかもしれませんが、この発言は、「遺伝の基本」には疎《うと》いことを自白してしまっています。人間において、遺伝子型AOの血液型（＝表現型）がA型の父親と、遺伝子型OOの血液型がO型の母親から生まれた子がO型だった場合、母親の影響が出た、この子は母親似だ、と言ってしまうこととまったく同じなのです。

日高の生産者たちは、それこそ自らの生活そして人生を賭して、ラムタラを導入しました。このあたりの話は、『サラブレッド・ビジネス　ラムタラと日本競馬』（江面弘也　文春新書）によく書かれています。もしも私がラムタラの導入に携わったものの1人だったとして、前述のようなことを不成功の理由にされたなら、やりきれない想いになったことでしょう。

一介のファンがこのようなコメントを発するなら問題はありません。しかし、サークル内でその発言に非常な影響力を持つ名伯楽と呼ばれる人の発言ともなると、いとも簡単に周囲は信じ込んでしまうのです。

このことからも、名調教師として名馬をたくさん出すのと遺伝の知識とは、ほとんど関連しないことがわかります。けれども、例えば遺伝的多様性低下に対する策については、第3章の最後に書いたような国際的な協調（ハーモナイゼイション）が不可欠であることからも、その圧力がいずれ日本に押し寄せてくると予想していますが、これに関する我が国の具体的方策を論ずるべき時が実際に来た際、このような名を馳せた評論家にメディアはコメントを求めにいくのでしょう。

その中でも、第5章の最後に書いた、自らが創出した調教理論に則って数多くの名馬を輩出した藤澤和雄氏の競馬メディアでの扱いはやはり別格です。氏の調教師としての引退時に、その功績の特集を組まなかった競馬番組や雑誌は皆無だったかもしれません。よって、現在の日本の競馬界は、藤澤氏が何かを発言すれば、すべて鵜呑みにされてしまう空気になっているような気さえします。ＪＲＡとはアドバイザリー契約も締結した藤澤氏。このことからもいま、競馬界においてなんらかの見解を乞う問題が発生したならば、メディアは市場価値が高い藤澤氏のコメントを真っ先に求めにいくのではないでしょうか。

しかし、藤澤氏のような名馬をたくさん送り出した名伯楽にしても、馬関連の生物学についてなんでもかんでも知っているわけではありません。そこまで求めるのは酷であり、無茶なことです。いくら医者だと言っても、内科の医者に外科手術の相談をしないのと同じです。逆に言えば、名伯楽各位にお願いしたいのは、何かを尋ねられても、わからないことはわからないと正直に答えていただきたいのです。その発言に確かな影響力を持った、いや、持ってしまったインフルエンサーであるからです。

「基礎」と「臨床」

先に紹介した筑波大学名誉教授の村上和雄先生の著書『科学者の責任　未知なるものとどう向き合うか』を初めて読んだ時はかなりの感銘を受けたのですが、あらためて読み直すと、書き留めておきたい貴重な言葉がいくつもありました。まず、この本の第1章に以下が書かれています。

「私たちは、科学技術という言い方をしますが、実は、科学と技術は別物です。にもかかわらず、科学と技術は一緒にして扱われています。そこに、大きな病巣があります」

「科学と技術を混同している人の多くは、世の中の役に立たずして何が科学だと思っているでしょう。実用化を目的とする技術だけがあまりに重視されているから、そういうものの見方になってしまうのです。あくまでも科学は、命や宇宙の真理に一歩でも近づこうとするものです。その過程で、万有引力の法則が見つかったり、相対性理論が考え出されたりしてきました。それに対して、技術というのは、科学で見つかった法則や理論を実生活に役立てるべく実用化するものです。科学はあくまでも基礎研究であり、技術は実用性を求めるものです」

「医学部でも、基礎医学というのは科学です。いつも、試験管を振ったり、顕微鏡をのぞいたり、私のようにネズミを笑わせたり（こういう科学者はあまりいませんが）していま す。それに対して、臨床医学は技術になります。実際に病気を治す医学です」

このように、医学や獣医学には「基礎」と「臨床」があります。ざっくりと言えば、「基礎」は患者（患畜）とは直接には対面しない分野で解剖学、生理学、生化学、分子生物学などがあり、一方の「臨床」は外科学、内科学をはじめ、患者（患畜）と接して診療する分野です。つまり、普段われわれが「お医者さん」とか「獣医さん」と呼ぶ対象のほとんどは、臨床に従事している先生方を指すわけです。

ところで馬産地では、各種組織が主催する獣医学関連の研修会や講習会がありますが、常々感じるのは、その内容のほとんどは「臨床」であって、「基礎」の話は稀有ということです。確かに、直接「馬」という生き物に接している生産地ですから当たり前と言えば当たり前の話です。

しかし、臨床分野において、「なぜそのような症状を起こすのか」の基礎部分がおろそかでは、真の臨床行為に支障をきたすことも出てきます。犬猫中心に診療している市中の動物病院にしても、第2章の「純血種という病」で書いたようなことを的確に理解している獣医師は多くはないと思いますし、馬産地でも同様なのではないかと推察します。

生産者も、馬主も、競馬関連の各組織も、「目に見えるもの」にばかり目が行きがちです。目に見えるもの（≒臨床）と目に見えないもの（≒基礎）の双方の重要性を理解することが肝要であるとあらためて思いますし、そのバランス感覚ある知見がなければ、いとも簡単に疑似科学のトラップにもはまってしまうのです。

あらためて、調教師の仕事について「基礎」か「臨床」かの視点に立てば、そのほとんどは後者の範疇です。ぶっちゃけ論で言えば、調教師は「生まれてきたもの」を扱うのが仕事であり、つまり「受精」「誕生」というプロセスを経た後の有形の個体の扱いがすべてです。メンデルの法則をはじめとして、高校の生物の教科書に載っているような知識などなくとも、調教師としての業務に支障などほとんどないはずです。

名伯楽における3×4神話

昨年（2022年）、アーモンドアイは初仔としてエピファネイアの仔を産みました。そして本書の最終稿の確認時に、第2仔としてモーリスの仔を産んだとのニュースが入ってきました。言わずもがなですが、これらアーモンドアイの初仔も第2仔もサンデーサイレンスの3×4となります。

先に書いた元調教師の「奇跡の血量」発言には驚いてしまったと同時に、ラムタラについて発言していた元調教師のウェブサイトでも、或る馬と或る馬の配合だとサンデーの3×4となる旨などが熱く語られていました。さらに、角居勝彦元調教師の『さらば愛しき競馬』（小学館新書）には、「エピファネイアとリオンディーズの2頭は種牡馬になりましたが、彼らにとってサンデーは曽祖父（ひいおじいさん）にあたるので、血統的にはサンデーの孫に種付けすることも選択肢になりました」とあるように、日本を代表する調教師として名を馳せた角居氏も3×4ならOKという感覚を持たれていました。

さらにもう1つ、一口馬主クラブ大手であるキャロットクラブの会報『ECLIPSE』の2022年5月号の冒頭では、「マルシュロレーヌを語り、マルシュロレーヌに学ぶ」と題した記事がこの馬の引退に寄せて掲載されていました。その中で矢作芳人調教師は、「この父馬との仔馬が見てみたい、手掛けてみたい等、仔への期待を教えてください」との問いに、「コントレイル。サンデーサイレンスの3×4だし、是非子どもを見てみたいね」と答えています。この記事は、師の愛娘でフリーアナウンサーの矢作麗さんが書いたものであり、両馬とも自らが手がけたので気軽なリップサービスだとは思うのですが、しかしやっぱり3×4を特別な数字と思っていなければ、このような発言もないでしょう。

シンギュラリティ

「シンギュラリティ」という言葉を聞いたことがありますか。AIなどの技術が、人間よりも賢い知能を生み出すことが可能になる時点を指す言葉で、アメリカの人工知能研究者であるレイ・カーツワイルが提唱した概念です。

　ここで、**図8－1**をご覧ください。これはフランスの画家テオドール・ジェリコーが1821年に描いた「エプソムの競馬」と題されるものですが、写真技術の発達により、走る競走馬の連続撮影に基づく動作解析から、のちに、全肢が同時にこんな状態になることはないと批判されたとのことです。

　以前、『生物と無生物のあいだ』や『動的平衡』といった著書で有名な生物学者の福岡伸一先生のお話を聞く機会がありました。その時、先生はこの絵画に言及され、人の脳はコマごとに記憶するのではなく、一連の動作をもとらえるとのことであり、彫刻家のオーギュスト・ロダンがこの絵画の在り方をそのように説いて、前述の批判に対抗したとのことでした。われわれの脳は安直なデジタル仕様ではないということに、なるほど……と大き

図8－1　テオドール・ジェリコー　エプソムの競馬

くうなずいてしまったのです。

福岡先生のお話でもうひとつ興味深いものがありました。「パラパラ漫画」というものがあります。漫画の1枚1枚に微妙に変化をつけ、連続で見るとまるで動いているように見えるというものですが、AIが見ている世界はあくまでこのパラパラ漫画にすぎないという話です。つまりAIは、各ページの原画を取り出し、そこに描かれたおのおのの瞬間の世界を理解することがすべてであり、その一方で自然現象や人間の思考というものは「パラパラ漫画」の世界ではないということです。

以上のようなことから、AIが人間の脳を凌駕するシンギュラリティの到来はあり得ないとのお話でしたが、これについてもまったくの同感であり、われわれ現代人は、われわれ自身に内在するアナログな素晴らしさを見失いつつあるのではないでしょうか。デジタルにプログラムされた配合シミュレーションゲームなど、まさしくパラパラ漫画の延長でしょう。ファジーでアナログで未解明なことがまだまだたくさんある「遺伝」を、プログラム化してソフトに入れて表現するなんてことができるはずなどありません。

われわれ生き物がそんな単純なデジタルな産物であるかのような誤解が蔓延していますが、いまこの時間も、研究者たちは自らの研究室でしのぎを削って遺伝子の本質を探究していることを忘れてはなりません。3×4の神話が依然として残存していることなど、連続性を認識できていない、パラパラ漫画の世界から抜け出せていないということにもなるわけです。

生き物たるサラブレッドはおのおの唯一無二のアナログな個性を持つことなど知り尽くした名伯楽の思考においても、前述のとおりデジタルな3×4という数字が生き続けていることには、ある種のパラドックス（逆説）も見出せるのですが、ただ、だからこそ、そこに人としてのチャーミングさ、つまりアナログな魅力が垣間見えると言えるのかもしれません。

経験と勘を重んじる世界

ただし、AIは適切に利用すれば、非常に有意義であることは間違いありません。『週刊競馬ブック』の2022年7月30・31日号の「一筆啓上」のコーナーで、評論家の須田鷹雄氏が「新しい技術と日本の競馬界」と題したものを掲載していましたが、読み応えのある内容でした。

まず最初の小見出し「予想では一定の存在感を示すが」から始まる部分では、AIやビッグデータの利用が進む世の中ながら、競馬の世界においてその利用は予想ビジネスの範疇に留まっているようだということで、その理由として、この種の技術がこの業界のカルチャーに合致しないということ、もうひとつに結局競馬業界は予想というマーケットだけが大きいということを挙げていました。

そして次の小見出し「経験と勘を重んじる世界」の部分では、その予想以外の分野ではAIやビッグデータのような科学的手法がなんらかの成果を産むかについて言及しています。海外では競走能力や適性に関する遺伝子研究が進み、実用化されている一方で、日本ではこの種のものにアレルギー反応を示す競馬関係者が少なくなくて、ホースマンが持つ経験と勘こそが至高という文化が根強く、遺伝子だ血統だデータだAIだなんていうのは馬を見る能力がない人間のたわごと、とされがちとありました。この須田氏の言葉については、私として大きなむなしさに包まれながらも、思わずうなずいてしまいました。

さらに須田氏は、唯一獣医学やトレーニングの分野だけはノーザンファームが劇的に成功したこともあり、追随する生産者・育成者が出てはいるものの、それは「現場派」のカテゴリに属するものなので理解が得やすかった面があり、「書斎派」の肩身は狭いと書いているのですが、うまいことを言うなぁ、と唸ってしまいました。先に書いた「基礎と臨床」

の話における「基礎」こそ須田氏が言う「書斎派」のカテゴリであり、「臨床」こそ「現場派」のカテゴリです。

以前、或る大手生産者とお会いして日本の生産の現状についていろいろとお話をうかがったのですが、配合の検討に関してもう少し遺伝子面からのアプローチもしていると予想していたものの、実際は思った以上になされていないことに少々驚きを感じたのです。

須田氏の文章の最後の小見出し「信用されないからこそ」の箇所には、「長年博物学的な手法で行われてきた血統論を、AI・ビッグデータで検証してみるのが面白いのではないかと思う」とありましたが、既存の血統論は生物学（遺伝学）から逸脱したものが大半であり、そのような検証を行えば、それは疑似科学だというお墨付きが確実に与えられてしまうのではないでしょうか。

205ページに書いたように、藤岡健一調教師は馬を血統で選ばない主義で、見た印象を大切にしているとのことですが、いっそ上場馬の血統表はブランクとして、その馬の仕草、姿かたちだけで判断するようなセリもあったら面白いな、なんて思うことがあります。そんなセリは後にも先にもあり得ないのでしょうが、しかし経験と勘を重んじて遺伝子だの血統だのは二の次だと言うのであれば、ブランド力のある種牡馬にばかり群がることにはちょっと不思議な気がしてしまうのです。

基本の重要性

2021年に放送されたNHKの朝ドラ『おかえりモネ』は、清原果耶さん演ずるヒロインの百音（モネ）は気象予報士を目指すも、気象どころかごくごく基本的な理科の知識もなく、それを見かねた同じ職場にいる坂口健太郎さん演ずる若き医師が中学校の理科の参考書をモネに差し出し、「飽和水蒸気量」などの説明を親身に行う場面には感服するものがありました。

私は、息子たちの高校の生物の教科書をもはや私物化しているのですが、まさしくそこには「基本」が凝縮されていること、また、私を含めて高校を卒業した者のほとんどはそれを忘れてしまっていることに気づきます。そして、その内容を確実に理解すれば、例えばサラブレッドの世界を考えれば、配合に関する科学的側面の知識の大半は得たことになるのではないかと思っています。

あらためて思うのですが、原理原則を踏みはずしては何にもならないということです。そして「原則」を理解すれば、そこの上には具体的な「例外」があることもわかってきます。しかしサークル内にあふれる言説を見ると、原則を飛び越えたものばかりが闊歩していないでしょうか。どの角度から見ても科学的信憑性が乏しいフィクション同然の理論を追求するようなエンタメが競馬という産業を支えているのも事実ですが、競馬を生活の糧としている生産者こそ、そこのところをきちんと科学的に見極める必要があるということです。

「理系」と「文系」

解剖学者である養老孟司氏の『文系の壁　理系の対話で人間社会をとらえ直す』（PHP新書）の「第一章　理系と文系」は、工学博士で小説家の森博嗣氏との対談なのですが、森氏の以下の言葉にはうなずけるものがあります。

「文系の人は、自分のわからないことを言葉で解決しようとします。たとえば、独楽は回っているから倒れない、自転車は走っているから倒れない、ということを『理屈』だと思い込んで納得し、それで解決済みにしてしまう。回っている物がなぜ倒れないのか、走っているとなぜ倒れないのかは考えようとしません」

また、第4章で紹介した『パラサイト・イヴ』の著者である瀬名秀明氏は、新潮文庫版の「あとがき」で以下のように述べています。

「『私は文系なのでわかりません』も何百回と聞いてきた言葉だ。これほど文系を貶《おとし》める言葉はないのに、なぜ多くの人が免罪符のように、はにかんだ笑みさえ浮かべて、この言葉を口にするのだろう。この言葉が裏に隠している意味は、つまり『私は自分に関係のないことは切り捨てることにしています』ということではないか。そのような態度は理系・文系といった区分と何の関係もないことである」

この瀬名氏の言葉は、先の森博嗣氏自身の著書『科学的とはどういう意味か』(幻冬舎新書)にある以下の言葉と深くつながってきます。

「『文系』というものができたことで、『理系』が必然的にできる。理系は、集合的には、『文系に含まれない人たち』という意味だ。文系には、数学や物理から逃避するという特徴（あるいは傾向）があるけれど、理系にはそういった特徴は顕著ではない。理系の人間は、特に国語や社会から逃避しているわけではない。ここを、文系の人の多くはたぶん誤解しているだろう」

文系と呼ばれる方々にも当然に言い分はあると思います。私も「理系」「文系」とわれわれ自身を切り分けて考えることはできるだけ避けています。けれども、残念ながら以上の各氏が述べていることをしばしば痛感するのが現実であり、いま書いているこの本も、そこを打破することが執筆依頼を受けた趣旨のひとつだと認識しています。

「伝える」ということを考える

前記は「文系側」の問題点でしたが、それを啓発すべき立場の「理系側」にも当然に問題点があります。

本書の冒頭で紹介した『ルポ　人は科学が苦手　アメリカ「科学不信」の現場から』には、「そもそも、研究者は科学のことはよく知っているけれど、情報の伝え方についての訓練を受けているわけではありません。科学をよく知っているということと、科学をうまく伝えられるということは、別のことです」とあり、「注目されているのは、受け手の感情に気を配り、共感を得ながら情報を伝えることの重要性です。『心』を通して『頭』に届けるのです」とあります。

さらにこの本では、難しい科学研究を一般の人たちに伝えることに関する試行錯誤について詳述されており、或るセッションでは、科学者が冷徹な論理に従って事実を話しても、「信頼」と「共感」がなければ上手く伝わらず、冒頭にも書いたとおり科学者は「とにかく正しいことを伝える」という発想にばかり陥りがちで、それがコミュニケーションを阻んでいると指摘があったとのことでした。まず、相手が心の底では何を考えているのかを理解しなければならず、かたくなな心を開かせるのはデータではなく、まさしく「共感」であるとのことです。

先に紹介した『桝太一が聞く　科学の伝え方』で、iPS細胞の山中先生も「科学者はしょせん科学者であり、コミュニケーションという点ではほとんどの人がトレーニングを受けたこともありませんし素人です」と述べていますし、国立科学博物館館長の篠田謙一氏も、博物館の展示の説明文を研究者が好き勝手に書くと誰にもわからない内容になってしまい、これとは別に子ども向けの文章もつくらせるという話をしています。すると来館者は子ども向けの文章しか読まないということであり、この話には思わず笑ってしまいましたが、笑いごとではないことは、本書をここまで読んでくださった皆さまはご理解のことと思います。

橋渡し役がいなければ

競馬サークル内の学術団体たる「日本ウマ科学会」のウェブサイトに書かれている設立趣旨は、「獣医学や畜産学に限らず、ウマに関する人文科学や芸術なども取り込んで、幅広い分野の会員を募り、相互に情報を発信するとともに、研究者と実務者が一堂に会して意見を交換し、現場のニーズに対応した学術や技術の向上と普及を促進する」とのこと。この趣旨に照らしてみると、この学会が毎年開催する学術集会あたりで、高校の生物の教科書をみんなで読み合わせしてみる、なんていうのは非常に有意義なのではないかと冗談抜きで真面目に考えるのですが、やっぱりそんな発想はあまりに突拍子もないのでしょうか。

以上のようなことをつらつらと考えていると、両極化した双方の橋渡し役として一役買った身ながらも、多勢に無勢の感、さらには左岸と右岸の双方から距離を置かれて中州に孤立したような寂寥《せきりょう》感を味わうことがたびたびです。

以前、SNSでこんな話が書かれていた記憶があります。農家向けに農薬に関する講習会のようなものを開催しても、実際に集まってくる人は、すでにそこそこ農薬に対する知識のある人ばかりであり、実際に知識を得るべき人はあまり参加してこないとのこと。つまり、一定の知識がある人はその分野にもともと一定の興味を抱いている人であり、興味のない人を啓発することがいかに難しいかという話でした。

このことからも、仮に馬産地で遺伝に関する講習会を開催したとしても、閑散として惨憺たる結果になってしまうのかもしれません。これは先に書いた須田鷹雄氏が言っていた「経験と勘を重んじる世界」の話にもつながってくるのです。

それぞれの利害関係

第3章で論じた遺伝的多様性低下の対応策ですが、北米にしても、欧州にしても、日本にしても、その方向性をつかさどる組織がどこまで遺伝学的造詣を深めて、自らの生産界にくまなくこの問題に対する科学的方策の必要性を認識させられるかが鍵となるでしょう。

多様性低下を惹起する最たる行為は特定の血筋への人気の偏り、それに伴う近親交配ですが、するとそのリスクについて、まったく無視して大丈夫という声もあれば、逆に、一旦は施行を決定したアメリカのような種付頭数制限策以上のさらに踏み込んだ策も必要という声もあることでしょう。

最終的に撤回されたその種付頭数制限策は、第3章にも書いたとおり現地では裁判が起こされましたが、その原告が大手のブリーダーであったとおり、大手の組織にとっては、種付頭数制限のみならずなんらかの策が講じられることは、彼らの利益に大きく影響します。つまり、このようにあらゆる立場の利害関係者がいるということです。

そして、サンデーサイレンスのインクロス馬が量産されている我が国において、これら近親交配がネガティブに語られることが収益に悪影響を及ぼす組織に属する者からは、その配合の成功例たる活躍馬をできるだけ挙げながら、近親交配など心配することはないという趣旨の発言がますます増えることが予想されます。

おわかりかと思いますが、これを例としてあらゆる情報は、その発信元はどこ（誰）なのかが重要です。AかBかの議論の場合に、その発信元はどっちの方が利益を受ける立場なのかを見極めることが肝要だということです。仮にその発信をする人がAだと内心は思っていたとしても、Aの場合にその人の属する組織の利益に反する場合は、その人は決してAだとは言いません。造反となってしまうからです。

中立で科学的造詣の深い競馬ジャーナリズムの必要性

以上のようなことに鑑みると、科学的造詣が深く、迎合や忖度《そんたく》とは無縁の競馬ジャーナリズムが求められているのではないでしょうか。

先に書いたAかBかの議論のように、人は立場によって言うことが変わります。種牡馬事業体のスポークスマンは、肌馬が重要だというような発言は慎むでしょう。法律の専門家たる弁護士にしても、原告の代理人と被告の代理人では主張が真っ向から対立するのは最たる例です。現在は評論家たる元調教師にしても、現在の所属先はどこなのか、どのメディアでそれを語っているのかも見逃せない点でしょう。

JRAの現役調教師である国枝栄氏の『覚悟の競馬論』（講談社現代新書）の前半は無難な内容に終始している印象でしたが、後半の「第5章　東西格差をどう解消するか」「第6章　日本競馬への危惧」ではかなり突っ込んでJRAに意見しており、思わず唸る箇所がいくつもありました。思ったのです。国枝氏がこの本を書いたのは60代半ばであり定年も見えてきていたことから、あそこまで書けたのではないかと。これが、若い調教師も国枝氏と同じことを思っていたとして、仮に出版社からその趣旨の執筆オファーが来たとしても、さすがに躊躇するのではないかと。

そして、JRAとアドバイザリー契約を結んだ藤澤和雄氏は、JRAに忖度しないコメントを臆することなく発していけるのかという観点も重要でしょう。いまこれを書いている横のテレビ画面で、有馬記念の公開枠順抽選会に登場している藤澤氏を見ると、そんなことまでついつい思ってしまったのです。

サイエンスコミュニケーション

遺伝についての基礎的なことを述べてきましたが、あらためて思ったことは、これらをわかりやすく説明するのは思った以上に難しいということです。私なりにかみ砕いて書いた「メンデルの法則」の説明もそうですし、また、38ページに書いた全きょうだい同士の遺伝子一致率はほぼ50％である旨の説明も文量はたかだかあれだけですが、かなり苦心しました。

しかし、まだまだ理解しきれない、と思っている読者の方もいるでしょう。なので、今後も橋渡し役を続けるのであれば、さらに自己研鑽をしなければと思うのです。

本章のタイトルの「サイエンスコミュニケーション」という言葉は、じつは私自身最近まであまり馴染みがなかったのですが、先に紹介した『桝太一が聞く　科学の伝え方』の

「まえがき」にあった以下の一節が非常に印象深かったのです。

「私はこの3月にテレビ局を退職し大学の研究員へ転職したのですが、その動機について社内の人に『サイエンスコミュニケーションについてもっと深く考えて実践したいから』と説明をしていました。ところが、その言葉ですぐに『ああ、そういう方向を目指したいんだね!』と伝わった人はというと、一人もいなかったと言って過言ではありません」

桝氏は、やはりそれがいまの日本社会における「サイエンスコミュニケーション」の現在地と感じ、この言葉を直訳するならば「科学に関する意思疎通」とでも言えばよいでしょうか、と述べています。このことからも思うのは、その意思疎通の潤滑剤として登場すべきサイエンスコミュニケーターたる「橋渡し役」が確かなスキルを身につけて、右岸と左岸の人々の往来をいかに活発化させられるかがまさしく鍵でしょう。

私は、「メンデルの法則」のような遺伝の基本を理解せずに血統(特に配合)を論ずるのは憲法の条文を読まずに憲法を論ずるようなものだと思っていると書きました。しかし、あからさまにそんなことばかり言っていたら、煙たがられるのが関の山です。或る意味で墓穴を掘っているようなもので、反省します。

確かなコミュニケーションとは、情報の送り手の「相手の立場に立つ思慮」と、受け手の「理解しようとする心構え」があって初めて成立すると考えます。しかし、私自身において、相手の立場を理解する思慮が不足していたことは否めず、自戒の念を抱くと同時に、時と場合によってどちらの立場にもなるわけですから、そのことを深く肝に銘ぜねばと、本書の原稿を書き終えながらあらためて思うのです。

朝日新聞に著名人を紹介する「語る　人生の贈りもの」という連載コラムがあります。その昨年10月12日版で、『まことちゃん』などで一世を風靡した漫画家の楳図かずお氏が、知能を持った産業用ロボットを登場させるSF作品『わたしは真悟』を描くに当たり、工場や大学に取材に行ったことが書かれていました。ただしそれは、こういうロボットの絵でもいけるかな、と確かめに行っただけで、「調べすぎると現実に引き寄せられてしまう。現実って面白くないんです。面白さというのは、どこかいい加減さがある。理屈や科学で説明する根拠というのは面白くありません」と楳図氏は述べています。

確かにそうかもしれませんが、私は、科学をこのように言い切られてしまうことこそ科学者の大きな責任だと思っています。これこそ第8章で論じたサイエンスコミュニケーションの意義を見出すべきところの課題でしょう。楳図氏は、面白さにはいい加減さがあると言っていますが、少なくとも生命科学は、本文中に書いたとおりファジーでアナログなものであり、これこそいい加減な面白さと相通ずるものがあります。

仮に面白いとは言い切れなかったとしても、その本質の理解に確かな意義があるのならば、そしてわれわれの利害に多かれ少なかれ関与するものであれば、一定の興味を持っていただくことは可能ではないかと考えます。本書の本文中に引用文献名を敢えてしばしば明記したのは、その記述部分においてはきちんと出所を明らかにしたいことに加えて、興味があればぜひとも直接読み込んでいただきたいと思ったからです。どうしても論文や文献の引用は、或る意味で私の意図的な「切り取り」でもあり、できれば皆さんにもその出典をきちんと読んでいただき、別な視点を持たれる方がいれば、有意義な議論が今後どんどんできるかもしれないという想いです。

ところで、最近になってようやく、経済学部の受験科目に数学がない私立大学が多いことが問題視されつつあるようです。言わずもがなですが、経済学に数学は必須です。先日読んだウェブ記事によれば、数学を苦手とする文系受験生において、数学の成績を加味すれば個々の総合偏差値は下落してしまうわけで、そんな数学を受験科目から除いて得意科目だけは高偏差値の者ばかりを集めれば、あたかもその大学は優秀な学生で固められているという印象を与えることができたようですが、これからはそうもいかない様子です。

本書には何度か書いたとおり、血統と遺伝は表裏一体であるものの、後者には小難しい部分があり、切り離されがちです。以前、他者のSNSの書き込みを見ていたら、或る血統理論について「大いに影響を受けた」と書かれていたのですが、それを見て、面白くなければ誰の興味も引きつけられないということに気づかされました。真実を追い求めれば、そこには面白そうなものもそうでないものもあぶり出されます。しかしそれはどちらも現実であり、受け入れねばなりません。が、いまは、インターネットを使えば自分好みの情報だけをたくさん集めることができてしまうことからも、或る人が或る血統理論に対して「影響を受ける」とか「惹かれる」とかいう言葉を用いた場合、自分の考えや好みを支持するものばかりを恣意的に選択してしまっているのかもしれません。これは前述の経済学部の問題とは広い意味で重なる話です。

本書の執筆に当たっては、新たに遺伝学関連の書物を中心に読み込みました。すると、ますます「遺伝」というものがわからなくなった感覚に陥りました。探究すればするほど未知な領域に入り込んでしまうのです。蟻地獄に吸い込まれてしまうようなものでしょうか。或る意味で、私のような研究を生業にしていない者の限界のような気持ちに襲われてしまったのです。

そして、右岸にいる普段は科学にあまり接しない人々と、左岸にいる研究を生業にするような真の科学者たちとの距離はかなりなものだとあらためて痛感し、右岸にも左岸にも上陸できない中途半端な私だからこそ、本文中にも書いたように、中州にたたずむような孤立感を抱いてしまいました。

しかし、そんな孤立感を味わって初めて気づくことがありました。「橋渡し役」の必要性および使命です。右岸と左岸の人たちの気持ちをそれぞれの対岸に惹きつけることは本当に難しい。だからこそ、そこに挑戦することに意義があるのではないか、と。

そんな私の存在価値（レゾンデートル）を見出してくださり、本書の執筆を依頼くださった編集者の岡村邦寛さんには、心より感謝いたします。この場を借りて御礼申し上げます。有難うございました。

2023年4月吉日　堀田茂

参考文献（本文中に明記した文献は除く）

『一万年の進化爆発　文明が進化を加速した』（グレゴリー・コクラン、ヘンリー・ハーペンディング　古川奈々子訳　日経ＢＰ社）
『言ってはいけない　残酷すぎる真実』（橘玲　新潮新書）
『遺伝子　－親密なる人類史－（上・下）』（シッダールタ・ムカジー　仲野徹監修　田中文訳　早川書房）
『遺伝子とは何か？　現代生命科学の新たな謎』（中屋敷均　講談社ブルーバックス）
『遺伝人類学入門　――チンギス・ハンのＤＮＡは何を語るか』（太田博樹　ちくま新書）
『馬の毛色と特徴』（財団法人日本軽種馬登録協会）
『エピジェネティクス　――新しい生命像をえがく』（仲野徹　岩波新書）
『エピジェネティクス入門　三毛猫の模様はどう決まるのか』（佐々木裕之　岩波書店）
『科学とはなにか　新しい科学論、いま必要な三つの視点』（佐倉統　講談社ブルーバックス）
『科学の罠　美と快楽と誘惑』（長谷川英祐　青志社）
『科学はなぜ誤解されるのか　わかりにくさの理由を探る』（垂水雄二　平凡社新書）

『カラー図解　アメリカ版　新・大学生物学の教科書（第1巻 細胞生物学）』（D・サダヴァ他　石崎泰樹、中村千春監訳翻訳　小松佳代子翻訳　講談社ブルーバックス）
『カラー図解　アメリカ版　新・大学生物学の教科書（第3巻 生化学・分子生物学）』（D・サダヴァ他　石崎泰樹、中村千春監訳翻訳　小松佳代子翻訳　講談社ブルーバックス）
『クロー　遺伝学概説』（J・F・クロー　木村資生、太田朋子共訳　培風館）
『ゲノムが語る人類全史』（アダム・ラザフォード　垂水雄二訳　篠田謙一解説　文藝春秋）
『「現代優生学」の脅威』（池田清彦　インターナショナル新書）
『サイエンス超簡潔講座　遺伝』（ジョン・ウォラー　廣野喜幸監訳　亀濱香訳　ニュートンプレス）
『サイエンスビュー　生物総合資料』（長野敬、牛木辰男監修　実教出版）
『進化する遺伝子概念』（ジャン・ドゥーシュ　佐藤直樹訳　みすず書房）
『進化論の最前線』（池田清彦　インターナショナル新書）
『スクエア　最新図説生物』（第一学習社）
『生と死を握るミトコンドリアの謎　―健康と長寿を支配するミクロな器官―』（米川博通　技術評論社）
『生物はなぜ死ぬのか』（小林武彦　講談社現代新書）
『できそこないの男たち』（福岡伸一　光文社新書）

『徹底図解　遺伝のしくみ』（経塚淳子監修　新星出版社）
『ニュートン別冊　遺伝とゲノム　増補第2版』（ニュートンプレス）
『ニュートン別冊　男性か女性かを決めるXY染色体の科学』（ニュートンプレス）
『ニュートン別冊　学びなおし中学・高校の生物』（ニュートンプレス）
『人間の未来　AIの未来』（山中伸弥、羽生善治　講談社）
『はじめてのサイエンス』（池上彰　NHK出版新書）
『ビジュアルで見る　遺伝子・DNAのすべて　身近なトピックで学ぶ基礎構造から最先端研究まで』（キャット・アーニー　長谷川知子監訳　桐谷知未訳　原書房）
『一目でわかる臨床遺伝学　第2版』（ドリアン J・プリチャード、ブルース R・コルフ　古関明彦監訳　メディカル・サイエンス・インターナショナル）
『三訂版　フォトサイエンス生物図録』（鈴木孝仁監修　数研出版）
『双子の遺伝子　「エピジェネティクス」が2人の運命を分ける』（ティム・スペクター　野中香方子訳　ダイヤモンド社）
『文科系のためのDNA入門』（武村政春　ちくま新書）
『学んでみると遺伝学はおもしろい』（針原伸二　ベレ出版）
『ミトコンドリアの謎』（河野重行　講談社現代新書）

『ミトコンドリア・ミステリー　驚くべき細胞小器官の働き』（林純一　講談社ブルーバックス）
『もっと言ってはいけない』（橘玲　新潮新書）
『もっとよくわかる！　エピジェネティクス　環境に応じて細胞の個性を生むプログラム』（鵜木元香、佐々木裕之　羊土社）
『物語　遺伝学の歴史　メンデルからDNA、ゲノム編集まで』（平野博之　中公新書）
『山中伸弥先生に、人生とiPS細胞について聞いてみた』（山中伸弥　聞き手・緑慎也　講談社+α文庫）
『DNA鑑定　犯罪捜査から新種発見、日本人の起源まで』（梅津和夫　講談社ブルーバックス）
『DNAの98%は謎　生命の鍵を握る「非コードDNA」とは何か』（小林武彦　講談社ブルーバックス）
『Hippophile（ヒポファイル）』〈日本ウマ科学会の学会誌〉48号（2012年4月）の24－32ページ「総説　ミオスタチン遺伝子多型がサラブレッドに与えた影響」（戸崎晃明、黒澤雅彦、Emmeline W. HILL）
『RikaTan』2022年1月号〈通巻40号〉の111ページ「人間の性格は血液型で決まるの？」（安居光國）
『X染色体　男と女を決めるもの』（デイヴィッド・ベインブリッジ　長野敬、小野木明恵共訳　青土社）
『99・9%は仮説　思いこみで判断しないための考え方』（竹内薫　光文社新書）

星海社新書 260

競馬《けいば》サイエンス　生物学《せいぶつがく》・遺伝学《いでんがく》に基《もと》づくサラブレッドの血統入門《けっとうにゅうもん》

二〇二三年 五 月二二日 第 一 刷発行

著　者　堀田茂《ほったしげる》

©Shigeru Hotta 2023

発行者　太田克史《おおたかつし》

編集担当　岡村邦寛《おかむらくにひろ》

発行所　株式会社星海社
〒一一二-〇〇一三
東京都文京区音羽一-一七-一四 音羽YKビル四階
電　話　〇三-六九〇二-一七三〇
FAX　〇三-六九〇二-一七三一
https://www.seikaisha.co.jp

発売元　株式会社講談社
〒一一二-八〇〇一
東京都文京区音羽二-一二-二一
(販 売) 〇三-五三九五-五八一七
(業 務) 〇三-五三九五-三六一五

印刷所　凸版印刷株式会社

製本所　株式会社国宝社

アートディレクター　吉岡秀典《よしおかひでのり》（セプテンバーカウボーイ）

デザイナー　鯉沼恵一《こいぬまけいいち》（ピュープ）

フォントディレクター　紺野慎一《こんのしんいち》

図　版　ジェオ

校　閲　鷗来堂《おうらいどう》

●落丁本・乱丁本は購入書店名を明記のうえ、講談社業務あてにお送り下さい。送料負担にてお取り替え致します。なお、この本についてのお問い合わせは、星海社あてにお願い致します。●本書のコピー、スキャン、デジタル化等の無断複製は著作権法上での例外を除き禁じられています。●本書を代行業者等の第三者に依頼してスキャンやデジタル化することはたとえ個人や家庭内の利用でも著作権法違反です。●定価はカバーに表示してあります。

ISBN978-4-06-531930-7
Printed in Japan

260
SEIKAISHA SHINSHO

182

アイドルホース列伝 1970-2021

小川隆行

昭和から令和まで、時代を超えて語り継がれるスターホース101頭の伝説を一冊に。

地方競馬から中央へやってきたハイセイコーが日本中を熱狂の渦に巻き込んだ。元祖アイドルホースの誕生である。以来50年、「流星の貴公子」テンポイント、「芦毛の怪物」オグリキャップ、「不屈の帝王」トウカイテイオー、「異次元の逃亡者」サイレンススズカ、「日本競馬の至宝」ディープインパクト、「最強牝馬」ウオッカ、「愛すべき問題児」ゴールドシップ、「奇跡の白毛」ソダシなどのスターホースから、ブロンズコレクター等の個性派まで。競馬ファンの心に刻まれた輝きは何十年と時がたっても色あせない。

233

1998年世代

競馬ノンフィクション

江面弘也

競馬最強世代のひとつ「一九九八年世代」の競走馬たちの激闘録

一九九五年にうまれ、日本競馬史上唯一無二のＪＲＡ平地ＧＩ完全制覇を達成した「一九九八年世代」のサラブレッドたち――スペシャルウィーク、グラスワンダー、エルコンドルパサー、セイウンスカイ、キングヘイロー、エアジハード、マイネルラヴ、アグネスワールド、ファレノプシス、ウイングアロー……競馬の「最強世代」候補として必ず挙がる日本と欧州で数多の名勝負を繰り広げた一九九八年世代の優駿たちと、馬たちの育成と真剣勝負に人生を捧げたホースマンたちの記録と証言を紡ぐ、競馬ノンフィクション。

236
テイエムオペラオー伝説
世紀末覇王とライバルたち

小川隆行　ウマフリ

君はあの完璧なハナ差圧勝を見たか！

90年代後半に始まるサンデーサイレンス旋風。「サンデー産駒にあらずんば馬にあらず」と言っても過言ではない時代にサンデー産駒の強豪馬たちと堂々と戦いあった一頭の馬がいた。クラシック勝利は追加登録料を払って出走した皐月賞のみだったが、古馬となった２０００年に年間不敗８戦８勝、うちＧⅠ５勝という空前絶後の記録を達成する。競馬ファンのあいだで「ハナ差圧勝」と賞賛された完璧な勝利を積み重ね、歴史が認める超一流の名馬となった。そのただ１頭の馬の名をテイエムオペラオーという。

君は、ジセダイ

何と闘うか？

https://ji-sedai.jp/

「ジセダイ」は、20代以下の若者に向けた、**行動機会提案サイト**です。読む→考える→行動する。このサイクルを、困難な時代にあっても前向きに自分の人生を切り開いていこうとする次世代の人間に向けて提供し続けます。

メインコンテンツ

ジセダイイベント　著者に会える、同世代と話せるイベントを毎月開催中！　行動機会提案サイトの真骨頂です！

ジセダイ総研　若手専門家による、事実に基いた、論点の明確な読み物を。「議論の始点」を供給するシンクタンク設立！

星海社新書試し読み　既刊・新刊を含む、すべての星海社新書が試し読み可能！

Webで「ジセダイ」を検索!!!

行動せよ!!!

次世代による次世代のための

武器としての教養
星海社新書

星海社新書は、困難な時代にあっても前向きに自分の人生を切り開いていこうとする次世代の人間に向けて、ここに創刊いたします。本の力を思いきり信じて、みなさんと一緒に新しい時代の新しい価値観を創っていきたい。若い力で、世界を変えていきたいのです。

本には、その力があります。読者であるあなたが、そこから何かを読み取り、それを自らの血肉にすることができれば、一冊の本の存在によって、あなたの人生は一瞬にして変わってしまうでしょう。思考が変われば行動が変わり、行動が変われば生き方が変わります。著者をはじめ、本作りに関わる多くの人の想いがそのまま形となった、文化的遺伝子としての本には、大げさではなく、それだけの力が宿っていると思うのです。

沈下していく地盤の上で、他のみんなと一緒に身動きが取れないまま、大きな穴へと落ちていくのか？　それとも、重力に逆らって立ち上がり、前を向いて最前線で戦っていくことを選ぶのか？

星海社新書の目的は、戦うことを選んだ次世代の仲間たちに「武器としての教養」をくばることです。知的好奇心を満たすだけでなく、自らの力で未来を切り開いていくための〝武器〟としても使える知のかたちを、シリーズとしてまとめていきたいと思います。

2011年9月

星海社新書初代編集長　柿内芳文

SEIKAISHA SHINSHO